U0835351

THE AFFECT OF
CORPORATE'S
STRATEGIC DEVIANCE ON
ANALYST BEHAVIOR

企业战略差异
对分析师行为的影响

刘会芹 / 著

经济管理出版社
ECONOMY & MANAGEMENT PUBLISHING HOUSE

图书在版编目（CIP）数据

企业战略差异对分析师行为的影响/刘会芹著．—北京：经济管理出版社，2020.9
ISBN 978-7-5096-7348-5

Ⅰ.①企… Ⅱ.①刘… Ⅲ.①企业管理—战略管理—影响—经济分析—研究 Ⅳ.①F224.12

中国版本图书馆 CIP 数据核字（2020）第 146663 号

组稿编辑：梁植睿
责任编辑：梁植睿
责任印制：赵亚荣
责任校对：陈晓霞

出版发行：经济管理出版社
（北京市海淀区北蜂窝 8 号中雅大厦 A 座 11 层　100038）
网　　址：www.E-mp.com.cn
电　　话：（010）51915602
印　　刷：北京玺诚印务有限公司
经　　销：新华书店
开　　本：720mm×1000mm/16
印　　张：13
字　　数：219 千字
版　　次：2020 年 9 月第 1 版　　2020 年 9 月第 1 次印刷
书　　号：ISBN 978-7-5096-7348-5
定　　价：68.00 元

·版权所有　翻印必究·
凡购本社图书，如有印装错误，由本社读者服务部负责调换。
联系地址：北京阜外月坛北小街 2 号
电话：（010）68022974　　邮编：100836

前　言

在深圳交易所发布的《深圳证券交易所上市公司投资者关系管理指引》中，特别强调了包括战略信息在内的非财务信息的披露规范，并做出了相应的引导。国务院办公厅印发的《关于推动中央企业结构调整与重组的指导意见》（2016）中指出，“到 2020 年，中央企业战略定位更加准确……”。同时在证监会股权交易风险评估风险提示（2015）中指出，“分析委托方或被评估企业提供的盈利预测数据时，应尽量搜集企业战略发展规划、经营计划和财务计划等预测依据，获得未来盈利数据的支持，有效防范或降低预测风险”。这些政策的提出体现了企业战略信息在资本市场中的重要性。但是，目前我国尚没有出台与企业战略决策相关的、正式的政策法规。在我国经济转型的重要时期，资本市场的稳定、健康发展是重中之重。目前在我国资本市场中，企业战略决策相关信息的披露并不充分，导致了一系列的经济后果。虽然企业战略选择是企业提高核心竞争力的重要手段，但是企业战略的风险性也应该引起重视。企业战略选择不但影响企业的绩效、创新、财务报告违规等，而且对企业利益相关者的行为也会产生显著的影响，如企业战略影响审计收费、银行贷款利率及条款等。因此，对企业战略选择的经济后果进行分析，不仅对企业自身生存发展具有重要意义，而且还能够帮助公司利益相关者更全面地认识企业战略决策对自身的影响，也能够在完善资本市场信息披露制度、保护投资者利益方面发挥一定的积极作用。

在我国资本市场中分析师发挥着日益重要的作用，其信息解读和传播功能可以有效降低资本市场信息不透明度，促进资本市场资源优化配置效率。研究企业战略对分析师行为的影响，不但可以检验我国企业战略选择的经济后果，而且有助于理解企业战略信息在资本市场传播的效率。基于此，本书沿着企业战略差异影响企业利益相关者的方向，探究企业战略差异对分析师行为的影响，并利用理论推理和实证检验的结果，提出相关的政策建议。

本书主要包括文献回顾和评述、理论基础和研究框架、企业战略差异对分析师关注以及预测质量的影响等内容。具体来说主要包括以下六章：

第一章是国内外研究述评。首先，对国内外分析师关注、预测质量、乐观偏差影响因素的相关文献进行回顾和评价。其次，对企业战略相关理论以及企业战略选择的经济后果进行综述和评价。最后，依据现有文献提出本文的研究思路和研究依据，阐述本文在研究框架中所处的位置以及研究的重要意义。

第二章是理论基础研究。主要有信息不对称理论、人类行为假设的相关理论、行为金融学的相关理论、企业战略管理理论以及证券分析师的相关理论概述。

第三章是企业战略差异对分析师关注行为影响的实证检验。首先，本章检验了企业战略差异对分析师关注行为的影响。其次，研究了企业战略差异影响分析师关注行为的作用机制和治理机制。研究发现企业战略差异度越高，分析师关注越低。在进一步研究中，对企业战略差异度影响分析师行为的作用机制进行了检验，研究发现企业战略差异可以通过企业业绩不确定的增加以及信息透明度的降低对分析师关注行为产生影响。在进一步研究中还对战略差异影响分析师行为的企业层面治理机制进行了探讨。研究发现企业高管特征（年龄、学历、性别）可以显著地改善企业战略差异度对分析师关注行为的影响。企业作为战略选择的主体，其主要特征（企业性质、企业年龄）对两者的关系也有显著的调节作用。另外，还对分析师重要利益相关者——机构投资者在两者作用中的效应进行了检验，发现机构持股比例能够显著地改变战略差异度对分析师关注行为的影响。最后，利用年度—企业—分析师层面的数据研究发现，在企业战略差异较大时，对企业关注水平较高的分析师主要是学历较高的分析师、工作经验较为丰富的分析师以及明星分析师。基于分析师所在券商特征的研究发现，企业战略差异较大时，对企业进行关注的分析师主要来自于规模较大、上市的券商。

第四章是企业战略差异对分析师预测质量影响的实证检验。研究发现企业战略差异度越高，分析师预测偏误越大，即分析师的预测质量越低。在进一步研究中，首先对战略差异影响分析师预测质量的作用机制进行了检验。研究发现企业战略差异可以通过企业的盈余波动性的加大、信息不对称程度的增加对分析师预测质量产生影响。其次，研究了机构持股对战略差异度与分析师预测质量之间关系的影响。研究发现机构投资者作为分析师重要的利益相关者，对两者的关系具有显著的调节作用。具体体现在，随着机构持股比例的增加，企业战略差异度对分析师预测偏误的影响逐步加强。再次，研究了分析师工作经验和所在券商的规模对企业战略差异度影响分析师预测业绩的缓解作用。最后，对企业战略差异度对分析师预测分歧度的影响进行了简单的推理和验证，暂没有发现企业战略差异度对分析师预测分歧度具有显著影响的证据。可能的原因是分析师之间“羊群行为”的存在导致虽然企业战略差异度越大分析师的预测越不准确，但是分析师之间的预测分歧度却并不是很大。

第五章是企业战略差异对分析师乐观偏差影响的实证检验。本章主要分析和检验了企业战略差异度对分析师乐观偏差的影响。研究发现企业战略差异度越大，分析师对企业的预测越不乐观。在进一步研究中，首先对战略差异影响分析师乐观偏差的作用机制进行了检验，研究发现企业战略差异可以通过企业收益波动加大影响分析师的乐观偏差。其次，研究了机构持股对企业战略差异与分析师乐观偏差关系的影响。研究发现机构投资者作为分析师重要的利益相关者，对两者的关系具有显著的调节作用。具体体现在：随着机构持股比例的增加，企业战略差异度对分析师预测乐观偏差的影响逐步减弱。最后，研究了分析师性别特征在企业战略差异度对分析师乐观偏差影响关系中的差异。研究发现在一定的战略差异度水平下，与男性分析师相比，女性分析师对企业的预测更不乐观。

第六章是企业战略外部监管和内部治理机制探索。本章主要包括了我国企业战略决策和战略信息的内外部监管机制的必要性、机制设计、制度体系和实施思路以及证券公司应对企业战略风险制度设计等内容。

本书在已有研究成果的基础上，研究了企业战略差异对分析师关注行为和预测行为的影响。可能的创新和贡献主要有：从理论的角度，本书的研究响应了王化成等（2011）提出的研究企业宏观战略对微观行为影响的号召，丰富了企业战略差异经济后果和分析师行为影响因素的相关研究，完善了企业战略差异对利益相关者行为影响的研究框架，提出了我国企业战略外部监管和内部治理机制的耦合机制。从实务的角度，本书的研究对分析师、上市公司、证券监管部门、市场投资者都具有实践性参考价值：①有助于分析师深入理解和把握战略差异的风险性。更有效地发挥市场中介作用，引导投资者选择合理投资对象，提高资本市场各要素生产率。②有助于上市公司正确选择合理战略定位。理解资本市场战略风险信息传递机制及战略风险对分析师行为的影响。建议上市公司提高战略风险信息披露数量和质量，减轻企业信息不对称程度，提高投资者投资信心。③有助于证券监管部门根据我国资本市场战略风险信息传递机制和市场反应，进一步规范公司战略相关风险信息披露政策，并加强监管力度。重点监督公司战略信息披露的及时性、准确性。④有助于投资者理解企业战略差异的风险性和收益性，更理性的选择投资策略。由于研究能力欠缺以及篇幅限制，本书还存在一定的局限，主要是未能提出操作性较强、可量化的政策。对于以上研究缺陷笔者将继续进行深入的研究。

本著作在出版的同时也献给重庆理工大学八十周年校庆！

目　录

导　论

第一节　选题背景与意义

一、研究背景

资本市场是资金需求者和供给者进行博弈的市场，双方根据资本市场已有相关信息进行不完全信息下的动态博弈①，最终形成资本市场的均衡状态。其中资本市场中信息的生产和传播在这个过程中发挥着重要的作用，是市场参与者进行决策的主要依据。但就资本市场本身而言，由于资本市场的半强势有效或弱势有效导致了资金供需双方的信息不对称，会影响到资本市场中信息传播效率和资源配置效率。从市场参与者的角度来说，资本市场中的投资者在个人认知能力、时间等方面也具有一定的限制和差异，也会影响到资本市场信息的有效传递。因此在资本市场上，证券的价格并不能够及时充分反映出所有的信息。

挖掘资本市场中有利于价值增值的信息需要一定的信息处理和价值发现能力。财务分析师②（以下简称分析师）是资本市场发展到一定阶段的产物，是资本市场中信息供给者、价值提供者。与普通投资者相比，一方面，分析师具有一

① 不完全信息下的动态博弈，参与人只知道对方决策的类型及概率。

② 又称作“证券分析师”，本书将财务分析师和证券分析师，统称为“分析师”。

定的信息收集能力、较高的信息解读与分析能力；另一方面，分析师所在券商可以为分析师提供较多的资源渠道和支持。分析师可以持续跟踪价值相关的信息，从中甄别有效信息并发布预测信息，从而加快资本市场反映信息的速度。分析师的关注和预测行为不但促进了信息与价值融合机制的形成，而且提高了资本市场信息价值的效率。分析师是资本市场中重要的信息中介者，凭借他们的专业能力与行业关系，收集公司与行业的相关资料，进行专业的分析进而发布各种预测、评级以及买卖推荐。目前，我国处在新型加转轨经济发展阶段①，分析师在资本市场中发挥了更加重要的作用。已有研究指出分析师作为信息中介，可以有效降低资本市场信息不对称程度、提高资本市场资源配置效率、降低代理成本等。分析师不但具有信息中介的职能，而且已有研究表明其也是企业重要的外部监督机制。分析师关注能够有效抑制公司盈余管理、降低管理层获取超额薪酬的机会主义行为、影响公司现金持有量等。因此分析师行为的影响因素和经济后果受到了学界和实务界的重视。

企业战略选择作为企业重要的宏观决策，对企业的发展至关重要。合理的战略选择可以使企业在市场上获得竞争优势、提高核心竞争力，并实现持续有效经营。而不恰当的战略选择，会降低企业价值，甚至成为企业失败的关键因素。随着全球化进程的加快，企业面临的内外部竞争日趋激烈。选择合理的发展战略，有效抵御市场冲击、迎接市场挑战，是企业目前面临的艰巨任务。一些企业选择墨守成规，像柯达公司、诺基亚公司，因为不能跟进科技发展、不能满足消费者需求，最终从市场中消亡。一些企业开展与原来所在行业差异较大的业务，像重庆啤酒跨界研发乙肝疫苗，最终成为“南柯一梦”②。也有不少企业在自身业务基础上，把握市场发展，引领科技进步，始终保持在行业领先地位，像格力空调、九阳股份公司等。在我国经济突飞猛进的发展过程中，国家相关部门在鼓励企业创新发展的同时，也兼顾风险信息的披露政策以及资本市场中投资者的保护。在深交所发布的《深圳证券交易所上市公司投资者关系管理指引》中，特别强调了包括战略信息在内的非财务信息的披露规范，并做出了相应的引导。公司的战略选择与公司及公司利益相关者息息相关。因此，对企业战略选择的经济

---

① 指经济形态的转变时期。

② 形容空欢喜一场。

后果进行分析，不仅对企业自身生存发展具有重要意义，而且还能够帮助公司利益相关者更全面地认识企业战略决策对自身的影响。也能够在完善资本市场信息披露制度、保护投资者利益方面发挥一定的积极作用。

近年来，企业宏观层面战略差异对企业微观行为（饶品贵等，2013；孙健等，2016）以及资本市场参与主体（李志刚、施先旺，2016）的影响研究越来越受到学界的重视。分析师作为资本市场重要的参与主体，其行为也会受到企业战略选择的影响。首先，企业的非财务信息中战略信息的传递功能，可以改变分析师对上市公司信息分析的侧重点和信息风险评估的信息权重（胡奕明等，2003），进而影响分析师信息感知能力、风险敏感变化以及行为选择。其次，分析师通过对上市公司财务信息（财务报表）的分析，进一步印证、调整对企业战略风险的认知偏差，选择最优化投资组合策略，向市场发布预测报告并进行股票推荐。最后，分析师风险感知以及关注与预测行为也会受到机构投资者（Dugar，1995；Michaely and Womack，1999；Dechow et al.，2000；曹胜、朱红军，2011）、分析师间竞争程度（Matthew Driskill，2016）、企业信息透明度（胡军、王甄，2015）以及企业信息可获得性（白晓宇，2009；方军，2007；王玉涛、王彦超，2012；胡军等，2016）、高管变动（Brochet et al.，2014）等多种因素的综合影响。现有文献中，无论是在企业信息对分析师风险感知影响的研究中，还是在风险感知引发的分析师行为改变的研究中，都假设分析师无法感知企业的战略差异或者感知到的企业战略无差异化。在研究分析时对企业战略选择对分析师的影响少有考虑。然而战略选择作为公司提高核心竞争力的重要手段，差异程度存在显著不同。分析师作为资本市场专业的信息解读者，在一定的信息敏感性、信息解读能力下，理应能够识别企业战略差异带来的风险和收益，并会权衡各方利益关系，采取相应的风险应对策略，最优化自身的行为调整。

公司的战略选择与公司以及其利益相关者息息相关。在公司层面对分析师行为影响的研究中，公司战略选择是否会对分析师行为产生影响，目前尚不明确。对2015年、2016年投资者和分析师到企业进行调研的问答纪要进行手工处理，结果发现调研者两年分别提出的53422个、59072个问题中，有10182个、9440个问题涉及企业战略问题，分别占总问题的19.06%、15.98%。这说明投资者和分析师十分关注企业战略的选择和定位问题。而且目前在我国企业中，企业的战略信息还属于非强制性披露信息，企业具有对企业战略信息进行选择性披露的权利。从投资者在企业调研时提及的有关企业战略问题的数量中可以看出，我国企业中战略信息披露并不充分，投资者需要利用调研机会的问答阶段增加对企业战略的了解。与普通投资者相比，分析师具有更专业的分析能力。我们可以通过研究分析师发布的预测报告，检验企业战略选择对分析师行为的影响。所以本书遵循企业战略选择影响企业利益相关者的研究方向，将分析师这个重要市场参与主体纳入研究视角。本书从企业战略对分析师行为直接影响的框架进行分析，拓展了企业宏观层面战略研究及分析师研究的视角，并论述和验证了战略差异影响分析师关注和预测行为的作用机理。此外，本书引入机构持股作为分析师的重要利益相关者，研究其对战略差异和分析师行为之间关系的调节作用，以及企业特征、高管特征、行业特征、分析师个人特征等在两者关系中发挥的作用。

二、研究意义

（一）理论价值

近年来企业相关的战略理论发展十分迅速。在早期的战略理论中，不少战略管理研究学者将战略视为理性计划的产物，认为企业战略的主要特点是可计划的、理性的。而近年来随着企业实践的深入以及组织有限理性理论的进一步发展，现代战略理论将战略的计划、实施过程与战略的最终结果割裂开来。因为现代战略理论认为战略不包括战略的终点，只包括战略寻求终点的过程。也就是说，现代战略理论认为战略的计划和实施过程，并不一定能够保证企业开始战略时的愿景一定能够实现。因为现代战略更强调战略的应变性、竞争性和风险性。

企业战略的应变性主要是指企业在面对瞬息万变的外部环境时，应该及时调整企业战略行为，主动适应环境的变化，不能一成不变地执行事先制定的企业战略。在企业战略领域的研究中，对企业应变性相关的研究较少，而对战略的竞争性和风险性的研究相对较多。Hitt（2009）指出战略是指企业为了开发核心竞争力、获取竞争优势所采取的一系列约定和行动。[①] 可以看出 Hitt 等学者认为战略主要是企业提高核心竞争的计划和行为，尚未将战略的风险性作为战略的重要属

① Michael A. Hitt, David G. Sirmon. Contingencies within Dynamic Managerial Capabilities: Interdependent Effects of Resource Investment and Deployment on Firm Performance [J]. Strategic Management Journal, 2009, 30 (13): 1375 – 1394.

性。所以有大量的研究对战略如何提高企业的竞争性行为做了研究。但是学者研究的成果表明，企业战略的经济后果并不一定能够提高企业的竞争性。甚至在不同的行业、不同的经济周期，企业战略选择的结果都具有较大的差异。所以企业战略的风险性越来越受到实务界和学术界的重视。近年来，学者们开展了对企业战略风险性的研究，如企业战略对企业违规、审计师收费、银行贷款、盈余管理等行为影响的研究，对企业战略伴随的风险性也有了更加清楚的认识。

战略的制定和实施过程不但会受到企业内外部环境、资源等的影响，在这个过程中参与者的因素也会发挥不同的作用。所以对企业利益相关者在企业战略选择的过程中发挥的作用进行分析具有重要的意义。企业的利益相关者中，政府、股东、经理阶层等都能显著影响企业战略的选择。而作为信息中介的分析师和新闻媒体、受聘审计师等对企业战略的选择虽然影响不大，但是分析师和新闻媒体、受聘审计师的行为却会受到企业战略差异化程度的影响。作为一个完整的研究框架，本书的研究延续了近年来学者的研究方向，研究了企业战略风险性对企业利益相关者的影响，并且主要研究企业战略差异对分析师行为的影响。这不但可以丰富战略的经济后果，而且有助于对战略的属性有更全面的认识。

（二）现实意义

进入21世纪以后，全球经济发展迅速，企业之间的竞争更加激烈。而科技的进步、顾客需求的变化，导致传统行业淘汰率越来越高。企业间的竞争不仅是同行业中企业之间的竞争，行业选择、产业链的稳定也是影响企业发展的重要因素。无论在战场还是商场，战略的选择都十分重要。根据外部环境变化和内部资源支撑，选择合理的战略是企业面临的艰巨任务。企业战略包括了战略的制定、实施。在整个过程中，也是不同利益相关者对企业战略进行不断评估、认识并最优化自身行为的过程。分析师作为联结资本市场和投资者的纽带，所负责的投资组合中企业的战略选择也会显著影响到分析师的行为。研究企业战略差异对分析师行为的影响，一方面有助于认识企业战略选择风险性带来的经济后果，为我国企业战略决策和战略信息披露提出政策建议。另一方面，将有助于证券公司进一步引导分析师辩证地认识企业的战略选择，开展与战略相关的分析师专业培训。也可以进一步完善分析师行为的影响因素和影响机制，为分析师风险提示提供有价值的参考。

现有研究关于战略如何影响分析师行为的主要逻辑目前尚处于战略影响企业

行为、企业层面因素影响分析师行为的链条中。对于企业战略差异对分析师行为的直接研究尚少。研究企业战略选择对分析师关注以及预测行为的影响，有利于理解企业战略选择在提高企业核心竞争力时伴随的风险，为企业战略差异度选择提供一定的参考。在理解企业宏观战略选择对分析师行为影响的同时，也有助于投资者优化投资决策，提高资本市场资源配置效率。

战略的竞争属性很早就受到了实务界和学术界的重视，随着人类认知能力的提高，战略的风险性也逐步受到了关注。而目前从信息披露的角度来看，企业战略信息仍然属于企业非强制性披露信息。在深交所发布的《深圳证券交易所上市公司投资者关系管理指引》中，虽然强调了包括战略信息在内的非财务信息的披露规范，并做出了相应的引导。但是战略信息的披露数量和质量目前仍然不足。对企业战略具有的风险性进行研究，有助于推动我国有关战略信息披露相关政策的制定。

从公司自身发展的角度来看，企业战略的选择十分重要，但同时企业战略信息的充分披露也至关重要。因为不充分的信息披露会显著影响企业的信息不对称程度，从而影响到企业在资本市场上的投融资行为。研究企业战略选择对分析师行为的影响，主要考虑到分析师在资本市场中发挥重要的信息中介作用。所以企业战略差异度对分析师行为的影响，对企业在资本市场上的表现具有重要的影响。对两者关系的研究，有利于企业重视战略信息披露的及时性、充分性，提高战略信息披露的数量和质量。

通过对现有文献进行梳理后可以看出，近年来企业宏观层面战略差异对企业微观行为（Tang et al.，2011；饶品贵等，2013；孙健等，2016）以及资本市场参与主体（Bentley et al.，2013；李志刚、施先旺，2016）影响的研究越来越受到学界的重视。本书遵循企业战略影响相关利益者的研究方向，将分析师这个重要市场参与主体纳入研究视角。具体来说本书主要进行了以下研究：①目前研究企业战略差异对分析师关注行为影响的文献较少。本书对企业战略差异影响分析师的关注行为进行较为系统的研究，不但可以弥补现有文献的缺失，而且有助于探讨两者发生作用的理论基础。②目前还未有文献研究企业战略对分析师预测行为的影响。本书将从分析师预测质量以及乐观偏差两个方面对该问题进行详细的研究。这将验证企业战略信息在资本市场上信息传递效率以及市场反应，希望能够对我国战略信息披露机制提供一定的借鉴和参考。③目前还未有文献研究企业战略信息影响分析师行为的具体机制和路径。对企业战略影响分析师行为的作用机制和治理机制进行研究，有助于理清企业战略影响分析师行为的内在逻辑，发挥治理机制缓解企业战略差异导致的经济后果。本书从公司层面特征（产权性质、上市年龄）、公司高管特征（高管学历、高管年龄、高管性别）以及机构持股比例等多方面因素，研究了这些因素在企业战略影响分析师行为中发挥的作用。

企业在日趋激烈的竞争环境中保持生存和发展，选择不同的战略，就会有不同的收益和风险。分析师作为市场专业的信息解读者，企业战略信息对分析师关注和预测行为的影响，会影响到企业与投资者之间的信息传递效率。从整体上来讲，也会影响资本市场的资源配置效率。所以本书的研究：①可以进一步完善分析师行为的影响因素和影响机制，为分析师专业技能培训和券商对分析师风险提示提供有价值的参考。②为企业战略选择以及战略信息披露数量和质量提供一定的借鉴，以便加强市场投资者的投资信心，使企业可以获得更多的资源支撑。③同时可以为我国的政策制定者提供一些有益的政策建议。

第二节　研究思路、研究方法和创新

一、研究思路

本书沿着企业宏观层面战略选择会影响企业微观以及利益相关者行为的研究方向，通过理论分析与实证分析相结合的研究方法，展开企业战略差异对分析师行为影响的研究。具体来说，本书运用战略理论、行为心理学理论、新制度经济学理论等，从战略差异带来的信息不对称、业绩不确定性以及盈余管理压力的角度分析企业战略决策对分析师关注行为以及预测行为的影响和作用机制、治理机制。在实证部分，运用A股上市公司2008～2017年的财务数据、分析师数据等，实证检验企业战略差异度对分析师关注行为和预测行为的影响效应，并根据研究结论提出政策建议。具体包括以下内容：

第一部分是本书的导论部分，主要阐述本书研究的背景及意义、研究的思路和方法以及研究的创新和不足。

第二部分是文献综述以及文献评述。该部分主要由三层次组成。第一层次是梳理国内外对分析师行为影响因素的相关研究成果。第二层次是梳理企业战略选择经济后果的研究成果。第三层次是对现有研究进行评述，并推理本书研究的意义和研究逻辑框架。

第三部分是理论框架研究。阐述了与研究主题相关的理论。主要有企业信息不对称理论、人类行为假设理论（有限理性假设、机会主义倾向假设）、行为金融学理论（模糊厌恶理论、熟悉偏好理论、“羊群效应”理论）、企业战略相关理论以及分析师相关理论。为本书的研究提供基本理论支撑和研究基础。

第四部分是企业战略差异度对分析师关注行为影响的实证研究。主要是与企业战略差异度、分析师关注行为相关的文献综述，以及企业战略影响分析师关注行为的理论推演、假设提出、研究设计、实证分析以及进一步研究、研究结论。主要对企业战略差异度对分析师的关注行为进行了实证检验，并对两者之间的作用机制（企业未来业绩波动、信息不对称程度增加）和治理机制（机构持股比例、企业高管特征、产权性质和企业上市年龄、分析师个人特征、券商特征）进行了探讨。

第五部分是企业战略差异度对分析师预测质量影响的实证研究。主要是理论推演以及假设提出、研究设计、实证分析、进一步研究以及研究结论。本部分主要推理并验证了企业战略差异对分析师预测质量的影响以及作用机制和治理机制。

第六部分是企业战略差异度对分析师预测乐观偏差影响的实证研究。主要是理论推演以及假设提出、研究设计、实证分析、进一步研究以及研究结论。本部分主要推理并验证了企业战略差异对分析师乐观偏差的影响以及作用机制和治理机制。

第七部分是企业战略外部监管和内部治理机制设计探索。主要提出了我国企业战略信息外部监管和内部治理机制。

第八部分是研究结论与未来研究展望。对本书第四部分到第七部分共四章的理论分析和实证研究结论进行总结，并依据文章结论启示提出对策建议。对本书研究的局限性和不足进行分析，并据此推理未来可以进一步研究的方向。本书技术研究路线如图 0 – 1 所示。

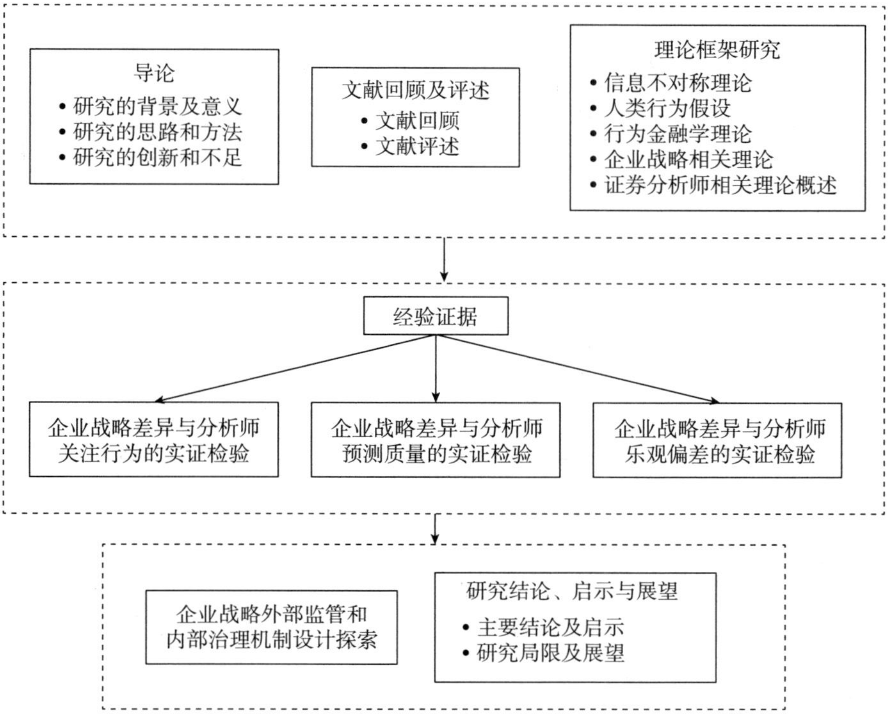

图 0-1　本书技术研究路线

书中第四部分至第六部分，是本书的逻辑推理和经验验证部分，主要推理和检验了企业战略差异对分析师关注和预测行为的影响以及两者关系的作用机制和治理机制。首先是企业战略差异对分析师关注行为的影响。分析师关注水平的高低是资本市场中分析师最重要的行为，所以本书对企业战略差异与分析师关注行为做了较为深入的研究。其次是分析师的预测质量和乐观偏差。对企业战略差异与分析师预测质量的关系进行检验后，具体考察企业战略差异对分析师预测方向性的影响，即企业战略差异会导致分析师预测较为乐观还是不乐观。所以本书实证部分的推理和研究是层层深入并且较为全面地研究企业战略差异对分析师行为的影响。本书实证研究部分逻辑思路如图 0-2 所示。

二、研究方法

本书采用的主要研究方法有规范研究、实证研究、定性研究、定量分析等。

用于推理、分析和验证企业战略差异对分析师关注行为和预测行为的影响以及作用机制、治理机制。具体包括以下方法：

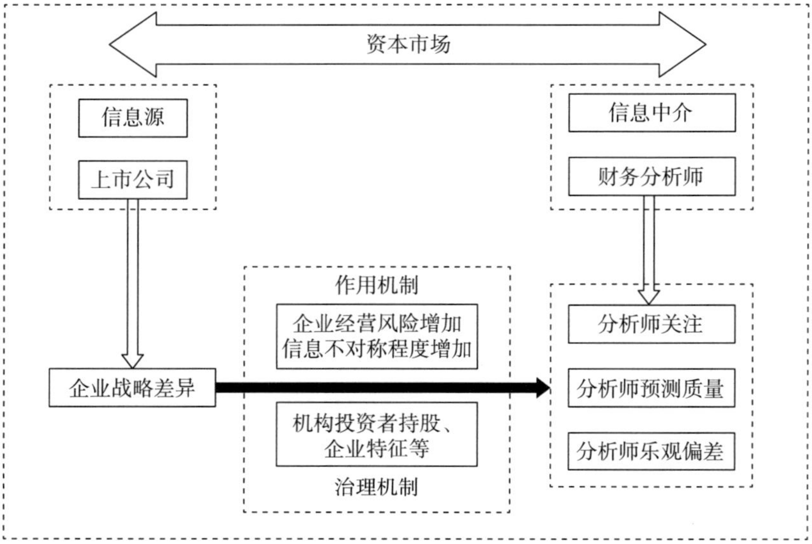

图 0-2 实证研究部分逻辑思路

（一）文献研究法

文献研究法主要用于与企业战略差异和分析师行为相关研究成果的回顾和整理，以便总结已有文献的研究成果，确定本书在已有研究框架中所处的位置，分析本书研究的意义以及可行性，并对现有研究成果进行提炼，分析其不足之处，提出本书的研究逻辑思路和理论推演过程。

（二）实证分析法

实证分析法主要用于本书的第三章至第六章中。主要为数据的收集和整理、主要变量的概念、界定和具体计算方法、模型的设定、单变量分析、多元回归分析。主要用于企业战略差异度对分析师关注行为和预测行为的实证检验和分析，并得出结论，论证书中假设、逻辑推演的可靠性。

（三）对比分析法

为了更全面地分析战略差异对分析师行为影响的作用机制和治理机制，本书从多方面进行分组或者交乘检验，用于探讨影响两者关系的企业层面、分析师层面以及第三方利益相关者层面的因素。对比分析企业战略差异对分析师行为影响在不同组别的差异。

三、研究创新

本书主要研究了企业战略差异对分析师行为的影响。可能的创新之处主要有以下几点：

从研究的内容来看，对企业战略差异经济后果的研究中，对分析师行为影响的研究尚少。而在对相关的文献进行整理后发现，目前企业战略差异对企业自身行为的影响研究成果较为丰富，而对利益相关者影响的研究近几年越来越多。分析师作为企业重要的利益第三方，其行为是否受到影响，从整个研究框架上来看属于重要的研究内容。本书的研究将使企业战略差异经济后果的研究更加完善。

从研究的理论基础的角度来看，本书对战略差异影响分析师行为的作用机制进行研究时，在推理分析师可能的行为结果时，不但运用经济学理论（信息不对称理论、代理理论等），还结合心理学理论（模糊厌恶理论、熟悉偏好理论等）进行辅助分析，使文章的可理解性更强，战略差异对分析师行为影响的作用机制更加清晰。

从研究的视角角度来看，将企业战略差异化程度作为企业向外界传递信息的信息源，而这种信息源在企业和分析师之间存在一定程度的信息不对称性，分析师在权衡自身可能的风险和收益后做出选择。这拓展了分析师影响因素的研究，而且企业战略属于企业宏观层面选择，分析师行为属于企业利益相关者的微观行为。所以本书的研究不但拓展了企业战略差异影响企业利益相关者行为的研究，而且响应了近年来学者提倡的研究宏观因素对微观行为影响研究的口号。

第一章　国内外研究述评

第一节　文献回顾

本书研究的问题为战略差异对分析师行为的影响，在对以往相关文献进行归纳整理后，从以下两个方面进行论述：一方面是国内外有关分析师行为影响因素的研究及总结，另一方面是战略差异对企业及企业利益相关者影响的研究成果及总结。

一、分析师行为影响因素的研究回顾和综述

分析师作为市场参与者，其行为受到自身成本收益函数的约束。分析师的行为主要取决于分析师的成本收益权衡。分析师的收益是指，分析师选择跟踪一家公司后，在资本市场上给分析师带来利益流入。具体来说，是指分析师发布了与某家公司相关的预测报告、股票推荐后，为分析师带来的佣金收入，或者带来声誉的提高等。分析师的成本主要是指分析师跟踪一家公司，进行信息搜集和预测分析需要消耗的时间和精力。分析师通过收集公共信息、挖掘私有信息来获得企业相关的信息，并基于自身的经验和专业知识进行分析。虽然学者目前从很多角度对分析师的行为进行了分析和研究，但研究的总体结果都可以从是否增加了分析师的收益、降低了分析师的成本两个角度进行总结。下面从几个方面对分析师行为影响因素相关文献进行回顾和综述。

（一）分析师关注行为影响因素相关文献综述

目前国内关于分析师关注的研究主要包括：企业层面特征对分析师关注的影响、分析师利益相关者——机构投资者对分析师关注的影响。企业层面特征对分析师关注的影响主要表现在，分析师在决定跟踪的投资组合策略时，会考察公司的前期盈余波动和长期成长能力状况。上市公司长期成长能力越好，分析师关注越高；上市公司前期盈余波动越高，越能吸引分析师的关注（崔玉英等，2014）。林小驰等（2007）研究了海外分析师关注中国上市公司的关键因素，发现海外分析师倾向于关注经营较好而且经营风险小的公司。具体研究结果是，相对未被关注的上市公司，一般来说，分析师关注的上市公司总资产较高、资产负债率较低、资产收益率以及利润增长率较高等，从中可以看出分析师倾向于关注规模较大且风险较小、成长性较好的上市公司。因为关注这样的公司更有利于分析师预测准确度的提升。而且分析师更倾向于关注治理结构较好的公司，表现为被关注的公司的其他应收款占总资产的比例较低、控股股东持股比例较高、流通股比例较低以及更倾向于关注非国有性质的企业。上市公司的信息披露政策也会显著影响分析师的关注行为。主要表现为，信息披露政策越公开越透明，关注公司的分析师数量就越多。这说明上市公司的信息披露水平的高低，对分析师关注行为具有重要的影响。因为高质量的信息披露政策有利于缓解资本市场的信息不对称问题（白晓宇，2009），显著提高分析师的预测绩效。上市公司业绩预告对分析师关注也具有显著的影响，研究发现分析师更倾向于关注发布定量业绩预告的公司，而对发布定性业绩预告的上市公司关注相对较低。而且若发布的定量业绩预告区间越小，分析师关注越多（王玉涛、王彦超，2012）。苏治和魏紫（2013）研究了上司公司无形资产资本化程度对分析师行为的影响，发现无形资产资本化程度越高，分析师关注水平越低。上市公司媒体关注度也会显著影响分析师是否跟踪某家企业。媒体关注度越高，分析师关注也越高（周开国等，2014）。这些研究都说明企业的外部信息环境是影响分析师是否关注企业的重要因素。

除了企业层面的特征会影响分析师的关注行为外，与分析师相关的利益第三方也会显著影响分析师的行为。窦欢和王会娟（2015）从公司 IPO 过程是否有私募参与方面进行研究，发现相比没有私募股权支持的公司，有私募股权投资的公司，分析师关注会更多。另外，若是外资背景的私募股权对公司进行投资，会受到更多分析师的青睐；进一步研究发现，参与上市公司的私募股权投资机构越多，对该上市公司关注的分析师也越多。刘文生和谢帮生（2017）从分析师所在券商和上市公司是否聘用同一家会计事务所的角度出发，研究同聘会计事务所对分析师关注行为的影响。研究发现分析师对具有同聘会计事务所的公司的关注度更高。机构投资者持股比例也会显著影响分析师的关注水平。一般来说机构持股比例越高，分析师关注水平越高，分析师对机构投资者和券商重仓持有的股票关注水平更高（姜波、周铭山，2015）。

（二）分析师预测质量影响因素相关文献综述

首先，企业层面因素对分析师预测质量的影响。方军雄（2007）研究发现，上市公司信息披露透明度越高，分析师预测时对会计盈余数据的依赖程度越低，预测准确度也随之提高。但是预测分歧度是否受到上市公司信息披露透明度的影响未得到证实。此外，上市公司的信息披露政策也会显著影响分析师盈余预测的准确度和分歧度。主要表现为上市公司披露政策越公开越透明，分析师预测的准确度越高、分歧度越小。这说明上市公司的信息披露水平的高低，对分析师预测质量具有重要的影响（白晓宇，2009）。苏治和魏紫（2013）研究了上司公司无形资产资本化程度对分析师行为的影响，发现无形资产资本化程度越高，分析师关注预测误差和预测分歧度越低。企业业绩预告类型也会影响分析师的盈余预测质量，主要表现为，相对于定性业绩预告，发布定量业绩预告的公司以及闭区间宽度较小的公司，分析师预测误差和分歧度较低（王玉涛、王彦超，2012）。赵良玉等（2013）以我国上市公司公开增发、配股、大股东减持事件为研究对象发现，在上市公司需要乐观偏差的预测报告时，提供了满足管理层偏好预测的分析师，在之后的预测质量较高。研究认为分析师在满足管理层偏好后，能够获得更多的私有信息，从而提高了预测质量。而这种现象只在私有信息价值较高的公司里得到体现。王艳艳等（2014）基于企业社会责任报告研究了企业非财务信息披露对分析师关注的影响，研究发现披露企业社会责任报告能够增加关注公司的分析师人数，特别是在自愿性披露的企业中更加明显。吴锡皓和胡国柳（2015）研究了上市公司不确定性以及稳健性对分析师预测质量的影响。研究发现上市公司不确定性越高，分析师预测质量越低。而“持续稳健性”可以有效地调节两者之间的关系。王雄元和彭旋（2016）从上市公司客户稳定性的角度出发，研究了客户稳定性对分析师预测质量的影响。研究发现客户越稳定，分析师对企业的盈利预测越准确，预测分歧度与偏差度越小。主要的原因是企业客户越稳定，企业的信息环境越好，有助于分析师公共信息和私有信息的获取，从而提升了分析师的预测质量。胡军等（2016）研究了公司是否开通微博对分析师预测质量的影响，研究发现开通微博后，分析师的平均盈余预测偏差和盈余预测分歧度都显著下降。这说明公司开通微博提供的信息是分析师进行预测的重要信息源，有助于其更好地了解和分析公司的经营活动。整体来说，当企业层面影响分析师行为的因素能够提高企业信息透明度时，分析师的预测质量就会较好。

其次，利益相关者对分析师行为的影响。①企业聘任的审计师特征对分析师的预测质量具有一定的影响。储一昀等（2011）研究了审计任期对分析师预测的影响。研究发现审计师任期越长，分析师的预测持续性越强。刘文生和谢帮生（2017）基于分析师所在券商和分析师关注的公司是否聘用同一家会计事务所，研究同聘会计事务所对分析师预测质量的影响。研究发现分析师对同聘会计事务所公司的预测准确性较高。②机构投资者对分析师的预测质量具有显著的影响。蔡庆丰和陈娇（2011）经研究指出机构投资者等诸多利益冲突因素、我国证券研究部粗放式的运营模式、证券分析师频繁的流动以及年轻分析师的声誉忧虑等是导致我国证券分析师复述市场，研究报告信息含量和信息质量不高的主要原因。公司 IPO 过程中是否有私募股权投资的支持，也能够显著影响分析师的预测质量，有私募支持、有海外背景私募支持以及私募支持的机构越多，分析师的预测越准确（窦欢、王会娟，2015）。官峰等（2015）基于定向增发解禁为研究背景，研究发现解禁对象为机构投资者时分析师预测准确度更低；而且机构投资者即将解禁的股份占公司总股本的比例越高，分析师预测准确度越低。这说明机构投资者作为分析师重要的利益相关者，对分析师的预测质量具有显著的影响。③投资者的行为对分析师的预测质量具有一定的影响。伍燕然等（2012）研究了非理性因素对分析师预测质量的影响，通过主成分分析方法，构造情绪指数，研究发现投资者情绪是影响分析师预测偏误存在的重要因素。王明伟等（2017）研究了投资者关注对分析师预测精度的影响。研究发现，分析师基于声誉角度考虑，投资者关注程度越高，分析师预测偏差和预测乐观度越低。另外上市公司媒体的关注度水平也会显著影响分析师的预测质量。研究发现媒体关注度越高，分析师的盈余预测准确度越高（周开国等，2014；谭松涛等，2015）。

再次，分析师自身因素对分析师行为的影响。袁振超等（2014）研究了分析师现金流预测对分析师盈余预测质量的影响。研究发现相对于未发布现金流预测的分析师，发布了现金流预测的分析师盈余预测质量较高。刘永泽和高嵩（2014，2016）研究了分析师行业专长对分析师预测质量的影响，研究发现分析师行业专长与分析师预测准确度呈显著正相关。

最后，我国相关的制度、政策对分析师行为也具有一定的影响。王玉涛等（2010）经研究发现，在会计准则变革以前，国内分析师比海外分析师预测准确度更高。会计准则变革虽然使国外分析师面临的会计准则差异减少或消失，但国内分析师的预测优势仍然存在，只是这种优势的程度显著降低。研究结果说明地理邻近性和会计准则差异都是解释国内分析师比海外分析师具有预测优势的重要因素。李丹等（2016）基于双重差分模型，研究了卖空机制[①]对分析师预测行为的影响。对于融资融券标的公司，引入卖空机制显著提高了分析师盈余预测的准确度。胡凡和夏翊（2017）以我国融资融券制度[②]实验为背景，检验了该制度对分析师短期、长期预测行为的影响。研究发现，相对不存在卖空限制的股票，分析师对融资融券标的的股票短期预测以及长期预测偏误都显著降低。

（三）分析师乐观偏差影响因素相关文献综述

国内对承销商分析师独立性的研究起步较晚，原红旗和黄倩茹（2007）发现上市公司2003～2004年承销商分析师出具的报告会更为乐观，而且同时体现在EPS预测和投资评级两个方面。詹凌燕（2006）从投资评级以及EPS盈利预测两个方面对券商自营是否影响分析师独立性进行了检验。詹凌燕（2006）的数据较少且结果较弱，而熊勇（2007）在市场识别检验中未考虑投资评级对股价带来的影响。曹胜和朱红军（2011）从国内券商的自营业务收入出发，对自营股票买卖是否影响隶属分析师的独立性进行检验。发现分析师总体上对所属券商重仓持有的股票会更加乐观且乐观性主要体现在投资评级上。潘越等（2011）以我国IPO市场为研究对象，研究发现承销商分析师对表现不佳的新股具有乐观的倾向，但这种现象在90天后消失。姜波和周铭山（2015）的研究得出了相似的结论。对于券商入股基金公司重仓持有的股票，旗下的分析师预测具有显著的乐观性，主要表现为关联分析师会出具更加乐观的股票投资评级。

---

① 卖空机制是指投资者在高位判断市场将下跌的情况下，预先借入别人的股票卖出，再在低位买回还给借方平仓的机制。

② 该制度是指投资者向具有融资融券业务资格的证券公司提供担保物，借入资金买入证券（融资交易）或借入证券并卖出（融券交易）的行为。

分析师的个体特征以及其他分析师的特征也会影响分析师预测的乐观偏差。全怡等（2014）考察了担任独立董事的证券分析师的预测行为，研究发现与跟踪聘任上市公司的非独立董事分析师相比，独立董事分析师对聘任上市公司的投资评级和盈余预测更为乐观。在担任独立董事后，证券分析师的预测准确性下降，表现得更为乐观。伊志宏等（2015）基于分析师的性别进行了研究。研究发现女性分析师更加谨慎，预测报告乐观偏差较小。游家兴等（2017）基于“凯恩斯选美竞赛”①，研究了其他分析师乐观性以及大胆性对分析师预测乐观性和大胆性的影响，发现分析师预测行为存在“选美竞赛”现象。分析师预测会趋于与其他分析师平均预测水平一致，存在“羊群效应”。这种现象在明星分析师中有所减轻。

利益相关者的行为对分析师的乐观偏差也具有一定的影响。官峰等（2015）基于定向增发解禁为研究背景，研究发现解禁对象为机构投资者时，分析师预测更加乐观，而且机构投资者即将解禁的股份占公司总股本的比例越高，分析师预测越乐观，解禁日越近分析师预测越乐观。这说明机构投资者作为分析师重要的利益相关者，对分析师的预测质量具有显著的影响。谭松涛（2015）基于中国主流财经媒体的报道数据进行研究，发现媒体关注度可以显著降低分析师的乐观偏差。因为新闻媒体报道可以降低企业的信息不对称程度，为分析师的预测提供较好的信息环境。

李丹等（2016）基于双重差分模型，研究了卖空机制对分析师乐观偏差的影响。对于融资融券标的公司，引入卖空机制显著降低了分析师盈余预测的乐观性偏差；当机构私利引起的利益冲突较轻时，卖空机制对分析师乐观性偏差的抑制作用更为明显。

以上内容分别从分析师关注行为、分析师预测质量、分析师乐观偏差三个方面对国内相关文献进行了整理综述。在本部分将对国外有关分析师研究的相关文献进行归纳整理。为了对分析师的相关行为以及影响因素有更清楚的认识，在对国内外分析师研究相关文献进行归纳整理时，从两个不同的角度进行。对国内的相关文献从分析师行为的角度对文献进行梳理，而对国外分析师的相关文献则从影响分析师行为的主要因素角度出发进行整理。因为国外对分析师的研究较早，

---

① 用来分析人们的从众心理对投资决策的影响。

研究成果较为丰硕，所以在整理国外相关文献时，主要整理了较为经典的文献以及近几年来最新的研究成果。

（四）管理层预测对分析师行为影响的相关文献综述

Hutton 等（2012）研究了管理层预测准确度和分析师预测准确度的差异，并解释导致差异的原因。研究认为分析师预测信息主要来源于宏观经济因素，当公司各方面的发展与国家能源、成本等宏观经济因素相一致时，分析师的预测较为准确。而企业层面的信息对分析师预测行为的影响较小，对管理层的预测影响较高，并认为与管理层预测相比，行业经验对分析师预测行为的影响并不明显。Tang 等（2015）研究了管理层预测对分析师行为的影响，研究发现管理层预测会显著影响分析师预测行为，特别是管理层预测区间的下限。分析师在进行预测时，会给予管理层预测下限较高的权重，而给管理层预测上限较低的权重。而在此之前，许多学者认为分析师在预测时，对管理层预测区间会给予平等的权重，所以认为分析师预测时会利用管理层预测区间的中值（Roger and Van Buskirk，2013）。Tang 等（2015）的研究结果证明以前假设分析师会参考管理层预测区间中值的做法是不合理的。Yezegel（2015）研究了管理层盈余公告发布对分析师行为的影响。盈余公告发布后，分析师会在很短的时间内对其推荐进行修正。Altinkilic 等（2009）的研究对这一现象的解释是：分析师为了提高自己的预测绩效，所以才会根据管理层盈余公告及时对其推荐进行修正。但是 Yezegel 对这一现象给出了新的解释。他认为盈余公告公布后，改变了分析师信息可获得性，或者是由于分析师发现了明显的推荐偏误，分析师为了满足客户需求，才对自己的推荐进行了及时的修正。

（五）公司财务报告以及非财务信息披露对分析师行为影响的相关文献综述

Sohn（2011）研究了企业会计稳健性是否会影响分析师的盈余预测。研究发现会计稳健性会显著影响分析师的盈余预测。在控制了其他影响因素后，会计稳健性较低的公司，盈余的可预测性以及信息的不确定增加，会增加分析师进行盈余预测的成本，导致分析师预测质量降低。Lehavy 等（2011）研究了年报可读性对分析师关注以及分析师预测行为的影响。研究发现如果上市公司的 10 – K①报告可读性较差时，会有更多的分析师关注，即分析师更愿意提供更多的信息补

① Annual report for U. S. companies。

充财务报告可读性差的不足。但同时当 10 - K 报告可读性较差时，分析师预测的准确性降低，预测分歧度变大，即分析师预测报告质量下降。Filzen 和 Peterson（2015）以公司财务报告复杂度为出发点研究了其对分析师预测行为的影响。结果发现对于公司财务报告较为复杂的公司，分析师在预测时更依赖公司管理层的预期指导，给予管理层预期更多的权重，所以最终的结果是财务报告复杂度高的公司更容易满足或者击败分析师的预期。Bloomfield 等（2015）以实验的方式检验了公司财务报告规范性和一致性（风险业务外包事项是否在财务报表脚注中列示）对分析师预测的影响。研究发现分析师对风险业务未外包的企业下调了预测。而且若企业风险业务未外包且将该事项在财务报告中清楚列示时，分析师下调预测的可能性更大。这说明财务报告的规范性能够显著降低报告使用者的信息负担、提高分析师的预测质量。Chang 等（2016）研究了衍生品对分析师行为的影响，分析师对有衍生品的公司的预测准确性低、预测偏误较大。而这种现象并不是由衍生品的复杂性所导致，而是由复杂的财务报告导致。总的来说，尽管分析师是金融专业人士，但分析师并不能准确地判断企业的衍生品活动对企业收益的影响。所以应该规范衍生金融产品相关的会计准则，这将有助于分析师预测质量的改善。Lee 和 Lo（2016）研究了公司财务错报披露对分析师声誉的影响。研究发现对财务错报公司发布乐观预测和推荐的分析师在错报披露后的声誉会受到显著的影响，主要表现为投资者对分析师发布的其他非错报公司的预测报告反应较小。而对财务错报公司发布了看跌预测的分析师会获得声誉，并有正面的溢出效应。公司发生错报前放弃了关注这家公司的分析师，他们的声誉没有显著的溢出效应。这说明分析师只要不公开发布否定的推荐意见，分析师声誉的收益就是有限的。

Dhaliwal 等（2012）使用来自 31 个国家公司层面的数据，证明非财务信息的披露与分析师预测准确度之间的关系。在研究中用社会责任报告作为非财务信息披露的代理变量，并发现披露社会责任报告和分析师预测准确度正相关。这种关系在以利益相关者为主导的国家更加显著，如在一些国家社会责任报告绩效会显著影响公司的财务绩效，在财务信息不透明的国家和公司中这种关系也更加显著，意味着发布社会责任报告可以作为财务报告的补充。研究结果在控制了公司各方面影响因素以及机构投资者的影响后依然存在，这说明企业非财务信息的披露对分析师的行为具有显著的影响。

（六）分析师个人特征和行为选择对分析师行为影响的相关文献综述

Clement 等（2011）研究了盈余公告发布后，企业的股票回报率和其他分析师的预测修正会对分析师预测修正的影响。结果发现虽然分析师整体对能够提供未来盈余变化的信息反应不足，但是相对来说这样的信息对分析师行为的影响还是较大的。而且研究发现与其他分析师相比，信息敏感性较强的分析师的预测准确度更高，且具有更强的市场反应。这说明分析师行为受到其从其他分析师行为中提取信息能力的影响。Liu 和 Natarajan（2012）将分析师预测战略行为分为从众和自我选择两种，研究了分析师战略行为选择对分析师预测分歧度的影响。如果分析师选择从众的战略行为，那么他的预测偏误一般来说比依赖其他信息的分析师的预测偏误低。如果分析师选择跟随一个“领导型”分析师的战略行为，而这个分析师更趋于发布大胆的预测时，分析师预测偏误一般比其他分析师高。Dechow 和 You（2012）基于分析师凑整动机进行了研究。研究揭示正因为分析师凑整动机的存在，导致分析师 EPS 预测的最后一位数字是不具有经济含义的。导致分析师这种动机的主要原因是对于在那些产生较少经纪业务或投资银行业务的公司，分析师进行盈利预测时更不愿意努力，努力程度的下降导致分析师对 EPS 预测的最后一位数字不确定性增强。Jung 等（2012）研究了是否发布长期预测对分析师行为的影响。研究结果发现，发布长期预测或修正的分析师，短期预测更准确，市场反应也更大。这是因为从长期的角度来看发布长期预测是分析师努力程度的表现，也是分析师稳定在岗的体现。这说明分析师短期内没有跳槽或者打算辞职的倾向，并且有对公司进行长期跟踪的打算。Kadan 等（2012）从分析师行业专长的角度出发，研究了行业专长对分析师行为的影响。首先研究了分析师行业专长对分析师跨行业能力的影响；其次研究了分析师行业专长对分析师在行业内公司之间选择投资组合的影响。研究发现行业专长会使分析师对投资水平较高、过去盈利能力较强的行业表现出更为乐观的态度。而且基于行业建议的投资组合具有短期和长期显著异常回报。Hilary 和 Shen（2013）研究了工作经验①对分析师预测行为的影响。研究结果表明，当公司的管理层发布了盈余预测后，关注这家公司时间较长、发布预测报告较多的分析师，相对于对同行业其他公司的预测，分析师的盈余预测准确度较高、盈余预测更及时。这说明分析师行

① 分析师工作经验分为行业管理经验和一般从业经验。

业管理经验对分析师预测行为具有显著的影响。Franco 等（2015）利用文本分析方法，研究了分析师报告可读性的影响因素，研究发现工作时间较长、发布分析师报告频率较高、经常进行预测修正的分析师发布报告的可读性较高。这说明分析师报告的可读性受到分析师自身特质的影响。Branley 等（2017）基于分析师的个人工作经历资料，研究了分析师在成为分析师之前的工作经历对分析师行为的影响。研究发现分析师在成为分析师之前相关的行业经验有助于分析预测准确度的提高。而且之前具有相关行业经验的分析师盈余修正能获得市场更强的反应，更有可能被评选为明星分析师。总体而言，分析师从业之前获得的行业经验对其成为分析师是具有价值的。这也是机构投资者重视分析师行业经验的重要原因。Hilary 和 Hsu（2013）研究了分析师是否提供了一贯稳定的预测与分析师预测行为之间的关系。研究发现分析师为了保持预测的一贯性，具有战略性的下调预测偏误的动机，甚至以牺牲准确性为代价。因为这样可以提高分析师获得明星分析师的概率，也可以获得更多机构投资者的投资，分析师存在“低价揽客”的行为。

Ayers 等（2018）研究了分析师现金流预测对分析师目标价格预测准确度的影响。因为以往的研究对分析师现金流量预测的作用结论并不一致。Ayers 等（2018）从目标价格的角度出发研究分析师现金流预测的作用。研究认为分析师的现金预测可以显著提高分析师对企业目标价格的预测，而且目标价格预测的准确度随着分析师现金流量预测准确度的提高而提高。最后，研究指出目标价格准确度的提升对企业价值的估计具有一定的影响。

（七）政策法规对分析师行为影响相关文献综述

Byard 等（2011）探讨了欧洲联盟强制采用国际财务报告准则（IFRS）对财务分析师信息环境的影响。为了控制其他并发事件噪声的影响，研究使用了在自愿通过日期之前至少已经两年前自愿采纳 IFRS 的公司的控制样本。研究发现在那些强制性执行国际财务报告准则的国家以及国内的会计准则与国际财务报告准则有显著差异的国家，分析师的绝对预测误差和预测分歧度显著降低。此外，在强制性使用 IFRS 的国家中，如果执法制度比较薄弱或者国内的会计准则与国际财务报告准则具有显著差异，公司的财务报告透明性较强，那么分析师的预测误差和分歧度会降低更多。Tan 等（2011）研究了会计准则趋同性对分析师关注以及预测行为的影响。研究发现强制采用国际财务报告准则（IFRS）的国家吸引了更多其他国家分析师的关注，特别是吸引同样采用了国际财务报告准则国家的分析师的关注。研究还发现，采用国际财务报告准则的国家显著提高了国外分析师预测的质量。国际财务报告准则的采用也吸引了更多本地分析师的关注，特别是吸引了那些具有国际财务报告准则经验的本地分析师。而没有国际财务报告经验的地方分析师的预测准确度不受是否采用国际财务报告准则的影响。Kross 和 Suk（2012）研究了《公平披露条例》[①]（Regulation Fair Disclosure，RegFD）对分析师行为的影响。研究认为《公平披露条例》并没有使分析师的预测偏误以及分歧度降低，而是改变了分析师对公共信息的利用程度。在 RegFD 实施以后，分析师对盈余公告、管理层预测、电视电话会议的反应更加显著，就是说分析师对这些事件给予了更快、更高频率和更大幅度的修正。总的来说，RegFD 还是显著地改变了分析师的行为，增加了分析师和投资者之间的沟通能力。Lee 等（2014）研究了《公平披露条例》、《SOX 法案》（Sarbanes – Oxley Act）以及其他约束分析师行为的政策条例对分析师行为的影响。结果发现，在这些条例法案颁布后，由于信息不对称的改善以及资本市场投资效率的提高，分析师的预测推荐和修正更加准确。Liang 和 Riedl（2014）研究了企业资产采用公允价值和历史成本对分析师预测准确度的影响。研究发现企业资产的计量模式模型会显著地影响分析师预测的准确性。在研究中主要利用了英国和美国的投资性公司的房地产作为研究对象，并从英国、美国上市公司的财务报告中找到其投资性房地产的计量模式是公允价值还是历史成本。发现公允价值与历史成本模式在经济衰退时期趋于一致，对分析师预测行为影响并不显著。而从长期来看，英国采用国际财务报告准则的全面公允价值模式时分析师盈余预测的准确度更低。因为在全面公允模式下，公司增加了不相关的收益和损失，这导致分析师预测难度的增加，最终会降低分析师的预测准确度。Crown 等（2017）研究了《全球分析师和解条例》（以下简称《条例》）对分析师行为的影响，发现对于受该《条例》约束的银行，在《条例》发布后银行关联分析师的预测偏误显著降低。但是在不受《条例》约束的银行中，在《条例》前后关联分析师的预测偏误都显著地比受限性银行关联分析师高。这说明《条例》增加了受限性银行关联分析师提供有偏误预测报告的成本，但是对不受限性银行的关联分析师的预测行为没有显著影响。总的

① 《公平披露条例》旨在要求企业同时向所有投资者披露重大非公开信息。

来说，相关的政策法规实施之后，如果能够改善企业的信息环境或者降低分析师获取信息的成本，就会显著地影响分析师的行为。

（八）机构投资者对分析师行为影响的相关文献综述

Gu 等（2013）研究了机构投资者对分析师乐观行为的影响。研究发现如果分析师所在券商从基金公司获得佣金，那么分析师的预测会更加乐观，且分析师的乐观程度与从基金公司获得的佣金的多少成正比。Firth 等（2013）研究了共同基金和证券公司之间的商业关系是否影响分析师的股票推荐。利用证券公司从共同基金获得佣金以及持有的股份比例的独特数据，研究发现当这只股票被分析师所在券商的客户共同基金所持有时，分析师的推荐显著高于一致预测，分析师的乐观性随着股票在共同基金中所占的比重增加以及佣金收入的增加而增加。如果其他共同基金投资者对该股票有明显的吸引力，这种对客户现有投资组合股票的有利推荐偏差就会减轻。从长远来看，那些不受客户压力的分析师的推荐比受客户压力分析师的推荐异常的股票回报率高。另外，研究发现相关的公司公布了坏消息后，被共同基金持有的股票，分析师一般更少地降低对股票的评级。当分析师发布有利推荐时，共同基金会增加股票的持有量，但若是由具有客户压力的分析师发布时，这种影响明显减弱。

（九）企业高管对分析师预测行为影响的相关文献综述

Brochet 等（2014）研究了分析师和公司高管之间专业关系对分析师行为的影响。研究发现公司 CEO 和 CFO 由一个公司跳槽到另外一家上市公司后，分析师关注对象随之转换的样本占总样本的 10%，这显著高于对照组中的比例。当高管跳槽的公司与原来的公司处于同一行业时，分析师关注随之更换的比例更大。与管理者一起“跳槽”的分析师对原公司的预测比对其他公司更为准确，且比其他分析师更准确。但在高管离职后这种优势不再存在。大多数分析师的优势也不会转移到新的公司。结果在监管公平披露协议之后也得到保持。研究结果表明分析师与高管的关系对分析师的行为具有显著的影响。总的来说研究证明了在资本市场中专业关系的重要性和局限性。Brown 等（2016）调查了 181 家券商的 344 名分析师，和他们进行了深入的访谈，结果发现分析师认为 10 - K 或10 - Q① 报告比管理层电话会议和管理盈余指导更有用，而且分析师认为自身的行业

① Quarterly report for U. S. companies。

经验以及和管理层的私下关系对他们的预测都具有重要的作用。Soltes（2014）研究了分析师与管理层沟通对分析师预测行为的影响。通过纽约交易所的专有记录，研究了哪些分析师会和管理层沟通以及为什么进行沟通，并将分析师与管理层私下的沟通和分析师与管理层在公开的电视电话会议上的沟通进行比较，研究发现分析师与管理层的私下沟通对分析师预测具有更大的影响。

（十）其他因素对分析师行为影响的相关文献综述

Chen 和 Martin（2011）研究贷款活动中的私有信息是否提高了银行附属分析师的预测准确度。使用匹配样本设计，通过附属银行或借款人进行匹配，研究证明公司从银行借款后，银行附属分析师的预测准确度提高。进一步发现，对于信息不对称程度较高或者有坏消息的借款人及如果借款人与银行签订了与财务信息相关的契约协议时，分析师预测准确性的提高更加显著。最后，研究还发现银行附属分析师的信息优势只存在当附属银行担任牵头银行时，若分析师隶属银行仅仅作为参与借款人，分析师预测质量改善的信息优势将不复存在。

Batta 等（2016）研究了公司信用违约掉期①（CDS）披露的信息对分析师行为的影响。研究发现，在 CDS 后分析师对每股盈余预测的分歧度和偏误都会显著降低。分析师对公司降级更加频繁并更加及时（排除公司具有较大意外损失因素的影响），这说明 CDS 能够显著影响分析师的行为，为分析师预测提供信息来源。

Joanne 等（2017）研究了分析师职业关注对分析师行为的影响。研究发现，若分析师在预测时，在投资银行可能成为自己雇主的情况下，分析师的预测会更倾向于乐观。而当投资银行不会成为他们的雇主时，就并没有发现这种乐观倾向的存在。分析师可以从这种行为中获利，也会通过这种方式跳槽至声誉更高的投资银行。

Dambra 等（2018）研究了分析师在 IPO 过程中的行为。虽然对分析师的收入来源做出了相关的限制，但是分析师在参与 IPO 的过程中依然具有过于乐观的倾向，而且预测的准确度较低、市场反应较小。当上市公司真实情况逐步在市场中显露出来以后，投资者一般具有负向的投资收益。而在这个过程中，分析师、

① 即信用违约互换，又称信贷违约掉期，是进行场外交易最主要的信用风险缓释工具之一，是一种金融衍生产品，信贷衍生工具之一。

发行人和投资银行能从分析师过于乐观的倾向中获益，而且分析师的乐观程度与企业在 IPO 过程中的代理收益成正比。

Han 等（2017）研究了分析师调研对分析师预测准确性的影响。研究发现，去公司参加调研提高了分析师预测的准确度。对于平时较难接近和容易被忽视的公司的调研，能够更加显著地提高分析师预测的准确度；同样，在经纪公司面临的乐观压力较小时，去公司调研也能显著提高分析师的预测准确度。

二、企业战略差异经济后果相关国内外文献回顾和综述

（一）战略理论的演进

“战略”一词最早起源于军事领域。早在南宋，学者陈亮就提出“治国有大体，谋敌有大略。立大体而后纪纲正，定大略而后机变行，此不易之道也”，阐释了战略在战争中的重要性。虽然起源于军事领域，但是其中的道理，如进攻、防御等原理，目前已广泛应用到了商业领域。近代战略经典理论主要有“设计学派”和“计划学派”。战略研究领域的三位权威人士（Chandler A.，1962；Andrews，1971；Porter M.，1996）认为，企业战略是计划性、目标性、确定性和长期性的结合体。近年来，随着企业外部经济环境不确定性增加、行业内部竞争日趋激烈，以计划为起点的企业战略受到了学者和企业管理者的争议。明茨伯格（Mintzberg H.，1989）认为战略的选择多数是在无计划的情况下产生的。许多学者从组织的有限理性出发对企业战略进行了研究，提出了现代企业战略的概念。他们认为应变性、竞争性和风险性才是企业战略的突出属性（Porter M.，1997），企业经营环境的高速变化和不可预测是企业外部环境的主要特征。可以看出，随着人类认知能力的不断加强，在肯定企业战略能够带来核心竞争力的同时，对伴随的风险也有了更加清晰的感知和认识。在当今瞬息万变的市场环境中，公司战略意味着企业要主动适应外部环境的变化，而不仅是被动地对变化做出反应。企业只有在变化中不断调整发展战略才能获得并持续强化竞争优势、实现企业持续有效的经营。

（二）战略差异导致企业风险增加的相关文献综述

企业战略对企业业绩的影响一直是战略管理学研究的重点。很多研究对企业进入一个新的产品领域或者新的地理地域给出了不同的解释，如企业可以提高资源利用效率、分散风险、提高市场竞争力等。而之前的研究主要认为战略差异化

选择具有较差绩效的概率更大。因为企业在目前市场中竞争失败或者公司产品市场需求下降时，才会有选择新战略决策的动机。Ref 等（2017）认为，之前的研究将企业战略选择的绝对绩效作为衡量战略选择的结果具有一定的局限性。Ref 等在对企业战略进行研究时，先肯定战略决策的绩效应该是企业战略选择的关键因素。但是 Ref 的研究还认为，在选择一个新的战略时企业对新的战略选择会有一个作为基准的预期绩效。企业在执行战略的过程中，在判断战略选择绩效时是和自身选择的预期基准绩效进行对比，而不是与大多研究认为的绝对绩效进行比较。Deephouse（1999）基于公司层面战略相似性进行了研究。研究认为，企业的战略差异度选择是在竞争性和合法性之间进行的协调。研究指出企业应该在合法范围内，尽量选择差异化的战略以提高企业在行业内的竞争性。Lieberman 等（2017）基于资源调配的角度研究了企业退出或者进入一个市场的多元化战略的绩效。研究认为如果多元化战略的企业能够有效利用相关的资源，在发现新的市场达不到预期利润时，能够将相关的资源利用在企业其他的业务上，那么能够减少企业多元化的成本；反之，企业采取多元化战略将会造成资源的损失。所以研究建议企业在采取多元化战略时，应该注重新领域资源与原来业务的通用性，以减少多元化战略失败时的成本。建议企业在资源调配能力有限时，不要进入一个新的资源领域，要注重新领域与现有业务之间的关联性。

战略对企业创新以及财务业绩具有一定的影响，但是对于具体影响方向学术界还存在一定的争议。一些学者认为战略可以刺激和利于企业的创新活动。因为采取一定差异化战略的企业，战略规划提高了企业相关价值创造过程中的灵活性。但也有研究认为差异化战略会让企业更注重企业效率的提高，而没有更多的精力去进行创新活动。Song 等（2015）基于高科技行业数据，对该问题再次进行了研究，研究发现战略定位与企业创新负相关，但是和企业业绩正相关，并认为企业员工能否参与到企业的战略中去，是影响战略绩效的主要原因。随着企业风险承担制度、基于知识为基础的奖励制度制定水平的提高，企业在投资中能够获得更高的回报和更高水平的创新活动。

Sakhartov（2017）也从资源的角度研究了企业的战略选择问题，指出以往学者在研究企业多元化战略选择时，认为多元化战略应该考虑不同战略业务资源的相关性，但是未考虑企业资源在空间、时间上调配的成本，所以结论具有一定的局限性。Sakhartov 通过动态模型衡量企业多元化战略的选择，研究认为企业的多元化战略从时间上来看，应该适度多元化，而不能完全考虑多元化战略资源之间的相关性。从空间上来看，即使多元化战略相关性较强，但是由于空间距离导致的资源利用效率的降低是不能忽视的。Zhou 等（2017）对企业战略差异化时采购部门会面临的风险进行了研究。研究认为企业追求战略多元化会给企业内部带来协调负担，多元化的战略增加了企业规模经济和分配范围经济之间的矛盾，会增加企业采购部门的负担。所需资源的多样性会降低采购部门的绩效，也给企业组织设计带来困境。企业需要解决采购部门采购复杂性带来的企业整体业绩的下降，设计合理的采购枢纽以及上游顶端制度设计，简化下游采购部门的复杂度。研究认为多元化战略的企业面临着管理、组织设计复杂性的挑战。Menon 等（2017）经研究认为，企业采取新的战略是需要“重新定位成本”的。因为依据战略定位学派，公司在行业中的地位可以根据公司承诺以及履行的客户价值创造活动进行划分（Porter，1985，1996）。公司目前对资源、活动的配置作为企业的活动系统，如果企业能够在当前的活动系统中进行提高，那么企业的竞争力就会加强。但是如果企业进入一个新的战略领域，企业的活动系统需要重新进行整合，企业活动系统变化越大，企业的“重新定位成本”就越高。而且企业战略变化越大，一旦失败，意味着企业回到原来战略的成本也越高。

（三）战略差异导致信息不对称程度增加的相关文献综述

Carpenter（2000）在研究中指出，企业战略差异度越高，企业与外部利益相关者之间的信息不对称程度越强。因为企业的外部环境在不断变化，企业为了在行业中保持不败之地，必须对环境变化做出迅速的反应，甚至需要从一个行业中退出，进入一个新的行业。公司如果能够成功定位企业战略，就可能获得新的市场和客户资源或者获取不可复制的竞争优势。但企业的这种非常规战略选择，按照原有行业经验以及发展规律很难进行解释。这增加了企业在资本市场上的信息不对称的程度。当企业偏离行业常规战略时，一方面会导致企业业绩偏离行业平均水平；另一方面会导致利益相关者难以理解和评估企业经营决策模式，从而不能依据经验或常识对企业的经营活动和绩效做出正确的评判。这意味着当企业战略偏离行业常规战略时，加剧了企业与外部利益相关者的信息不对称。Tang 等（2011）研究了战略差异对企业绩效的影响。研究结果发现，企业战略差异越大，企业盈余波动越大，可能获得极端的收益或亏损。这将导致投资者无法对企业的未来业绩进行准确的判断，增加了企业信息不对称程度。叶康涛等（2015）研究了战略差异对企业盈余管理的影响。研究认为，由于战略差异导致企业信息不成对称程度增加，企业通过应计项目操控盈余被发现的可能性降低。相应地，企业更有可能借助应计项目而不是高成本的真实活动来操纵盈余，并以是否是国际“四大”对公司进行审计，作为企业信息不对称程度的衡量指标，发现国际“四大”能够显著减弱战略差异度对企业应计盈余管理行为的正向影响。孙健等（2016）也对企业战略定位对企业盈余管理的影响进行了研究。研究认为，相对于战略保守的企业，战略较为激进的企业盈余管理程度更高，并认为战略影响盈余管理行为的机制是战略激进的企业融资需求较大。企业由于激进战略而导致了融资需求的增加，为了获取所需融资进行盈余管理的动机增加。但我国商业银行在向企业提供贷款时并不能够识别企业的盈余管理行为，因而企业可以通过盈余管理获取更多的融资。这也说明较为激进的战略导致了信息不对称程度的增加，并显著影响了企业的盈余管理行为以及商业银行的贷款行为。

企业战略差异不但会影响企业的行为，而且对企业外部利益相关者的行为也具有显著的影响。Das 等（1998）经研究发现，当企业发布战略联盟公告时市场有正向反应。而 Cuellar 等（2011）的研究发现，在战略联盟信息发布后，市场并没有显著正向反应，但股价波动性增强了，而且市场对未来成长不确定性较强、风险较大的企业有负向反应。Cuellar 等（2011）以欧洲信息通信行业为样本，发现企业公告长期战略决策时市场有正向反应。新产品发布或升级时，市场有负向反应。企业战略差异对审计师风险感知、风险控制和审计收费都具有一定的影响（Bentley et al.，2013）。因为战略偏离行业常规战略较大的企业，未来业绩存在较大的不确定性风险（Tang et al.，2011）以及较强的盈余管理动机（孙健等，2016），审计师需要付出更多的精力，承担更大的审计失败风险。同样因为风险的加大影响银行等资金提供者的风险溢价，需要制定更加严格的资金使用条款（李志刚、施先旺，2016）。

第二节 文献述评

对现有相关文献进行回顾整理后发现，影响分析师行为的现有研究主要包括：分析师关注行为的影响因素、分析师预测准确度的影响因素、分析师乐观偏差的影响因素。具体来说又可以分为：公司管理层对分析师行为的影响（管理层预测、管理层和分析师私有关系）、公司财务披露政策及透明度对分析师行为的影响（财务报告复杂度、财务报告一致性、非财务信息披露政策等）、分析师个人特征（行业经验、声誉因素、工作经验、行动策略等）、机构持股（机构持股比例）、政策法规等对分析师行为的影响。可以看出目前对分析师行为的影响的研究中，有较多的研究侧重了企业层面特征对分析师行为的影响。而对企业战略的相关文献进行梳理后可知，目前的研究主要集中在企业战略影响公司微观行为及公司相关利益者行为两个方面。对公司行为的影响主要表现为：战略影响企业的业绩、企业创新、会计价值相关性、盈余管理行为以及企业的融资需求等。对第三方利益相关者的影响主要有：对审计师（审计风险、审计收费）以及银行（融资成本、融资条款）等具有重要的影响。进行梳理后可以看出，企业战略影响企业的各方面特征，而企业的很多特征又会影响分析师行为。所以可以推理，企业战略可能是影响分析师行为更直接的因素。从研究框架上来看，企业战略差异度对企业各方面特征具有显著的影响外，也会对企业利益相关者产生影响。例如已有文献已经研究了企业战略差异度对审计师、银行等行为的影响，这也为本书研究战略差异度影响分析师的行为提供了研究的依据。企业战略差异度对分析师的影响，除了可能通过企业的特征产生间接的影响外，分析师作为企业的重要利益相关者，还可以通过现有的文献推理出企业战略差异度可能会对分析师的行为产生直接的影响。所以可以看出，已有研究为本书的研究提供了重要的研究基础。目前企业宏观层面战略选择对分析师行为的影响，现有文献研究较少。但是近年来国内外的文献极大地丰富了分析师行为影响因素以及企业战略差异的经济后果的研究，这为本书研究战略差异对分析师行为的影响提供了重要的参考和借鉴依据。现有文献的研究思路为本书的研究提供了研究框架以及本书的研究在整个研究框架中所处的位置和地位，为本书研究的可行性和必要性提供了坚实的文献支撑和依据。

在实务中，由于企业战略选择的差异度不同，导致了企业面临不同的风险，取得了不同的绩效。对文献梳理后，我们发现现有文献主要集中两方面：一方面是企业战略对公司非财务、财务以及利益相关者的影响；另一方面是公司相关信息对分析师行为的影响。而企业战略对分析师的直接影响尚缺乏。那么企业战略是否影响分析师的行为呢？对 2015 年、2016 年投资者和分析师到企业进行的调研问答纪要进行手工处理，投资者和分析师分别提出 53422 个、59072 个问题，其中有 10182 个、9440 个问题涉及企业战略问题，分别占总问题的 19.06%、15.98%。这说明在实务中投资者和分析师十分关注企业的战略选择和定位。有关战略的问题占总问题的比重较高，也体现出在我国的企业信息披露中与战略相关的信息披露还并不充分，投资者对企业的战略相关问题还有较多疑问。相对来说，分析师与普通投资者相比，具有更专业的分析能力，而且可以通过研究分析师发布的预测报告检验企业战略对分析师行为的影响。所以本书遵循企业战略影响利益相关者的研究方向，将分析师这个重要市场参与主体纳入研究视角。本书从企业战略对分析师行为直接影响的框架进行推理分析，拓展了企业宏观层面战略经济后果的研究以及分析师行为影响因素的研究。此外，本书还将进一步研究企业战略差异度影响分析师行为的作用机理和治理机制。

第二章 理论基础研究

第一节 信息不对称理论

信息不对称理论是20世纪70年代由约瑟夫·斯蒂格利茨、乔治·阿克尔洛夫、迈克尔·斯宾塞三位美国经济学家提出来的。在2001年三位经济学家因该理论的重大贡献获得诺贝尔经济学奖。该理论主要阐述在资本市场中，不同的信息使用者之间所拥有的信息是不相同的，具有信息优势的一方会利用信息优势谋取自身利益，而使信息劣势方利益受到损害。

在资本市场中，传统的经济学理论假设资本市场是完全有效的，即市场参与者都拥有全部的市场信息并能做出完全理智、正确的决策。而在现实的资本市场中这显然是无法实现的。具体来说信息不对称主要包括两个方面的内容，第一方面是管理者与投资者之间的信息不对称，第二方面是投资者与投资者之间的信息不对称。在第一方面中，企业的管理者具有更多的信息优势，被称作“知情管理者”。而普通投资者处于信息劣势方，又被称作“不知情投资者”。在第二方面中，即使市场满足有效市场假说，在资本市场中仍然会有知情投资者和不知情投资者。例如，一般来说同样作为投资者，机构投资者相对于散户投资者来说，机构投资者会具有更多的信息优势。

对于第一类信息不对称，最常见的经济后果就是道德风险和逆向选择。道德风险是在信息不完全对称的情况下，信息优势方在优化自身效用时，对他人利益造成损害。在资本市场中最常见的就是代理问题的产生。在两权分离的情况下，委托人对代理人的契约履行情况无法随时观察，而且进行准确衡量的成本较高。代理人在追求自身利益最大化时，往往会损害委托人的利益。而且委托人和代理人在资本市场中的效用函数也不相同，委托人对代理人的要求，对代理人来说会带来一定的负面效用。所以可以看出因为信息不对称的存在，导致代理人具有不完成委托人要求的动机和可能。逆向选择是信息不对称造成的另一个经济后果。较为著名的逆向选择如“旧车市场”、在资本市场中的“内部消息”。这些都会扰乱市场的整体效率，甚至造成一个市场的消亡。对于第二类信息不对称，知情投资者会积极与不知情投资者进行交易，以便利用信息优势获取超额的报酬。

在资本市场中，信息不对称的现象很难完全消除，只能在一定程度上减弱。对于第一类信息不对称现象，目前从国家层面已经制定了一系列的政策用以减弱信息不对称带来的经济后果。例如强制披露财务信息、上市公司披露财务信息须经第三方注册会计师事务所进行审计等各项政策和要求。从企业层面来讲，通过制定各类契约尽可能地对信息优势方管理者的行为进行约束。而投资者与投资者之间的信息不对称现象，可以通过反向推理推测知情投资者所拥有的优势信息，也就是“从价格中学习”的方法。也可以通过寻求资本市场中的信息中介，以便获取信息优势方的信息。例如可以通过向专业的分析师寻求帮助。显然第二种信息不对称的现象在一定程度上是可以消除的，在资本市场中之所以一直存在，是因为信息弱方基于自身成本效益函数的权衡而放弃了能够获取信息的机会。

第二节　人类行为假设

一、有限理性假设

古典决策理论假定人是完全理性的，但这明显与现实不符。人们在进行社会实践时，决策行为会受到有限理性的影响。美国管理学家赫伯特·西蒙（Herbert A. Simon）提出了有限理性假设，并在 1947 年出版的《管理行为》一书中对这一理论进行了阐述。他认为人类在进行决策时，处在完全理性和不完全理性中间。在受到各方面的影响后，人类往往表现出有限决策行为能力。因为人类在进行决策时不可能考虑到所有影响因素，也不能对未来可能的结果以及概率进行完全估计。而且即使在前两条都能满足的情况下，人类也不具有对所有影响因素和可能结果进行完全正确排序的能力。随着西蒙对人类认知系统的研究逐步深入，他认为人类的记忆是有时效性的，而且人类的记忆组织是有限储存的结构，所以人类在处理任务时具有一定的生理约束，人类知识、信息的广度和深度以及获取的速度、存量都会受到限制。所以人类的行为能力会受到生理限制、认知能力限制、动机限制，它们之间也会相互产生作用。因此对于有限理性可以从心理学和生理学的角度进行解释。

在资本市场中，有限理性对于解释和预测市场参与者的行为决策也具有重要的意义。在有限理性的约束下，市场参与者的选择一般来说并不是最优的。因为市场参与者同样不可能考虑到决策的所有影响因素以及全部的策略选择，也很难完全理性地抑制自身自利动机的欲望。所以市场参与者并不能也不会根据效用函数最大化进行决策。而在通常情况下，市场参与者都是选择“较好”的策略，而不是“最好”的策略。所以我们可以观察到，在资本市场中存在无效率或者是效率较低的投资，而且资本市场中存在较多的金融“异象”①。同时企业组织是由人组成的，人的有限理性同样会导致组织有限理性的存在。通过组织的建设可以使资源配置在一定程度上更加优化，获取更多的信息来源和加工途径，将人的有限理性通过不断的“叠加”去改善个体情境下决策可能出现的有限理性的限制，而且组织的各方面规章制度在一定程度上可以减少组织的参与者在进行决策时面临的不确定性。但是组织的有限理性依然存在，而且一旦有较多的参与者参与决策的制定，利益的冲突、权利以及注意力的分配都会显著地影响到组织的有效性，进而影响到组织的决策过程和决策选择。而在战略研究领域，组织的有限理性意味着企业的战略选择并不一定是企业的最优化战略决策，对企业所处的环境和可能的选择结果并不能做到全面有效的评估。所以在组织有限理性的约束下，企业的战略选择并不一定与企业的发展要求相匹配。

① 资产的价格偏离其真正价值的现象。

二、机会主义倾向假设

机会主义倾向是指在一定的条件下，人们具有不完全披露信息以及从自身利益出发做出的损害他人利益的行为。该理论是由新制度经济学家奥利弗·威廉姆森提出来的。他指出在经济社会中，人们会利用自身的优势尽可能地为自己谋取利益，在这个过程中甚至不惜损害他人的利益。信息不对称为机会主义倾向提供了实现的可能性和条件基础。但是这并不意味所有人在所有时间点上都会采取机会主义方式行事。正是因为这种不确定性的存在，导致人们并不能辨认出相关联的对方是否采取了机会主义。具体来说机会主义倾向主要有两种情形，事前机会主义和事后机会主义。事前机会主义是指在双方进行契约之前，一方利用所拥有的信息优势，为自己谋取利益的机会主义行为；而事后机会主义是指双方在签订契约以后，契约参与者为了自身利益不按照契约的规定履行契约。可以看出在资本市场中这两种现象都是普遍存在的，而且都会造成市场资源配置效率的降低。由于机会主义倾向的存在，使市场交易活动变得十分复杂。因为机会主义倾向的存在，会增加许多信息收集、监督等缔结和履行契约的成本。比较常见的机会主义倾向有“搭便车”行为、“敲竹杠”行为、“短期化”行为等。无论是在资本市场中，还是人们的日常生活中，机会主义行为都普遍存在。

三、模糊厌恶理论

模糊厌恶理论是由埃尔斯伯格在 1961 年提出的。模糊厌恶理论是指人们对未知的、模糊的不确定性因素的恐惧和排斥。具体来说，人们更喜欢较为熟悉的事物，对不熟悉的事物具有一定程度的厌恶。在资本市场中，表现为市场参与者对不确定性的收益和未知的风险较为厌恶。这种模糊会造成未来的损失越大，市场参与者回避的心理就会越强烈。也就是说在人们面对的事物中，他们更愿意选择熟悉的、确定的事物。在资本市场中市场参与者更偏好于确定的收益，而对具有一定风险的收益，即使有一定的概率获得较高收益，很多投资者还是更倾向于选择确定收益的投资组合。因为对于投资者来说概率分布本来就属于未知的事件，因为对这种不确定性的厌恶，投资者会选择更确定的目标投资组合。模糊厌恶理论可以用来推理市场上投资者对待未知风险的决策行为，有助于理解投资者在特定情境下的投资决策。该理论对分析师的行为也具有一定的指导作用。根据以往研究成果，分析师所负责的投资组合，一般来说处在同一个行业，这样更有利于分析师行业工作经验的发挥，避免分析师对不熟悉行业的公司进行跟踪时出现模糊厌恶的情况。

四、熟悉偏好理论

熟悉偏好理论由 Gigerenzer 和 Todd 提出。该理论认为人们更喜欢和习惯于自己熟悉的事物，一般来说对熟悉的事物的评价更高。而对不熟悉的事物会给予负面的评价，除非不熟悉的事物具有较为吸引人的关注点。熟悉偏好属于一种普遍的感知，熟悉的事物会使人产生更多舒适、安全、正面的感觉。而外来的、陌生的事物会使人感到不舒适、厌恶，所以更容易带来负面的评价。从心理学的角度来讲，熟悉的事物能给人带来更多的安全感，人们对事物的熟悉程度在决定人们是否喜欢该事物中发挥了重要的作用。从进化心理学的角度来看，人类的大脑在处理外界信息时，熟悉事物的信息处理起来更加轻松，人们的感觉也会更加愉悦，对熟悉的事物更容易给出正面的评价。相反，对于不熟悉的事物容易做出负面的评价。而发展心理学从陌生焦虑的角度解释了熟悉偏好，认为人类从婴儿时期开始已经能够区分“熟悉”和“不熟悉”的区别。在长期的发展中，对熟悉的偏好是人类意识自然发展的结果。社会心理学家从人类对外部刺激的接触次数来解释熟悉偏好理论，认为人类对事物的喜欢程度与接触事物的频率具有一定的正相关关系。行为经济学家认为在资本市场上也存在熟悉偏好。投资者在进行投资时，对投资目标的风险认知会随着熟悉程度不同而发生改变。对不熟悉的投资目标会具有一定的认知偏见。

熟悉偏好理论与模糊厌恶理论有一定的相似之处，都认为人们更喜欢熟悉的事物和人；但也具有显著的不同，模糊厌恶理论更强调人们根据模糊的程度做出的选择结果，而熟悉偏好理论更侧重于人类对熟悉事物的心理感知和正面评价。也就是说前者侧重于行动结果，后者侧重于主观感受。

五、“羊群效应”理论

“羊群效应”① 是指在信息不对称的情况下，投资者的行为选择会受到其他

① 在资本市场中，最早提出“羊群效应”的是凯恩斯，又称作“凯恩斯选美”。

投资者行为选择的影响，主要表现为简单地模仿他人的决策。在资本市场中“羊群效应”大量存在。普通投资者在很多时候会跟随机构投资者的投资决策。而机构投资者之间也存在采取相似投资策略的行为，因为机构投资者采取相似的技术手段、经济模型和信息处理技术，最后会得到相似的投资组合和策略。但机构投资者与普通投资者相比，其“羊群效应”一般被认为是较为理性的，可以在一定程度上抵销由于普通投资者“羊群效应”带来的资源定价偏误，促使资本市场价值和价格逐步趋于一致。但机构投资者也受有限理性的限制，并不能在所有情况下都做出理性决策。造成“羊群效应”的原因主要是在信息不对称的情况下，投资者具有忽略自己私有信息优势而过分依赖他人决策结果的倾向。如果市场中的信息披露较为充分，信息透明度较高，投资者之间拥有的信息差异化较低，那么投资者依赖他人决策采取行动的可能性就会降低。所以当投资者面临较多的信息噪声，或者为了挖掘可靠信息需要的成本过高时，投资者之间更倾向于“信息层叠”，最终导致“羊群效应”的产生。分析师之间也存在一定的“羊群效应”。这表现在分析师在发布预测报告时，会对在他（她）之前发布预测报告和股票推荐的分析师的预测和推荐进行参考。主要的表现是在分析师预测时，经常会出现分析师对公司的预测准确度较低，但是分析师之间的预测偏离程度却不大。这说明分析师行为存在“羊群效应”，最终导致在总体上分析师的预测和推荐效率较低。分析师在资本市场中的“羊群效应”，除了基于其他分析师的预测和推荐进行的信息验证和推测，分析师的声誉也是导致分析师具有“羊群效应”的重要因素。分析师在市场中发布预测和推荐时，推测和利用其他分析师具有的信息，可以避免分析师过于独特的预测和推荐导致的失误对自身“声誉”造成的影响。“羊群效应”对资本市场的稳定和效率都有很大的影响。因为无论是普通投资者、专业的分析师还是机构投资者都存在一定的“羊群效应”，投资决策的一致性，会对资本市场的稳定和投资效率产生很大的影响。如果投资者都简单地模仿他人的投资者决策，就会降低私有信息的价值，导致在资本市场中股价只能简单地反映公共信息的价值，最终导致价格与价值的偏离，造成资本市场的价格波动。在股市行情较好时，“羊群效应”会导致投资者共同追逐较少的投资资源，造成股市泡沫的产生；而在资本市场行情较差时，“羊群效应”又会导致投资者竞相低价抛售，对较差的股市行情更加是“雪上加霜”[①]。

第三节 企业战略相关理论

一、企业战略的概念

企业战略的定义有多种表述。目前学者在研究中运用较多的两种战略概念是战略的传统概念和战略的现代概念（邹昭晞，2011）。

企业战略的传统概念是由 Chandler A. 、Andrews K. 和 Porter M. 三位战略领域的权威人士定义的。Chandler A. （1962）是美国著名的企业史学家，他认为战略是企业的长期目标以及为实现目标而进行的企业活动以及内外部资源的分配。可以看出在当时对战略的认识仍然处在战略是目标、是目的的层面，还未将企业的外部环境变化作为影响战略的重要因素。Andrews K. 是哈佛大学著名的教授，他认为战略是企业的目标、计划以及为实现目标计划企业采取的决策、模式。而企业所采取的模式决定了企业行业选择以及战略类型（Andrews K. ，1971）。安德鲁斯对战略的定义与钱德勒的定义相比，除了认为战略是目标、目的以及行动外，已经认识到企业行业的选择对企业发展事物重要性。Porter M. 是哈佛大学著名的战略管理学家，他对战略的定义和认识被认为是战略传统定义的经典代表。他将战略的定义概括为企业奋斗的终点以及实现战略的路径（Porter M. ，1997）。对战略传统概念进行总结发现，在 20 世纪六七十年代，无论是学者还是企业家都认为战略是计划性、全局性和长期性的结合体。

随着全球经济的发展，企业间的竞争日趋激烈，企业战略不仅是企业个体发展的目标。外部环境的高速变化，也不断地对企业的战略选择产生冲击。所以以计划为起点的企业战略的定义不再符合企业的现实发展状况。企业战略的现代概念在这时期得以发展。最具有代表性的是明茨伯格对企业战略的概括，除了认可战略传统概念下战略的计划性，同时也认为战略在很多时候是企业非计划性的决

① 形容“羊群效应”对股市行情影响的形象说法。

策。也就是说企业战略所采取的行动和决策，由企业计划性部分和非计划性部分组成。因为外部环境的瞬息万变，企业很难预测未来的所有变化。而后不少学者研究认为人是有限理性的，而由人组成的企业组织也是有限理性的，所以日本教授伊丹敬之认为企业战略是企业制定的活动框架，用于企业应对不断变化的外部环境。可以看出此时学者对战略的认识已经由企业自身的行为转至外部环境对企业的影响上。

对战略的传统概念以及现代概念进行比较后发现，两者的区别主要有两点：一是企业战略包含的内容不再一致。企业战略的现代概念中不再包含企业战略的终点，只包含战略的制定以及战略的实施过程。二是两个时期的概念对战略的属性侧重点不同。战略的传统概念认为企业战略是以计划为基点的，认为企业战略的制定、实施都可以提前进行计划，并认为按照计划可以最终实现企业的战略目标。但是战略的现代概念在强调战略的竞争性的同时，更加强调战略的风险性，认为企业外部环境的变化导致企业战略执行过程中必须有足够的应变能力。

二、企业战略理论的发展

（一）近代经典战略理论

1. 设计学派

设计学派以钱德勒、安德鲁为代表。钱德勒是美国著名的管理学家，由他撰写的《战略与结构：工业企业史的考证》一书，标志着近代管理理论研究的开始。除了提出了战略的传统概念，钱德勒还对企业战略进行了较为详细的阐述。在阐述中钱德勒已经意识到企业战略所面临的环境变化对企业战略的影响，并认为企业的组织结构也应该服务于企业战略的执行。安德鲁作为设计学派较为经典的代表学者，在 1971 年编写的《公司战略概念》一书中提出著名的 SWOT[①]（Strength，Weakness，Opportunity，Threat）战略分析模型。该战略模型在考虑企业制定战略影响因素时，已经十分重视外部环境对企业战略的影响，所以可以看出此时学者们对企业外部环境对战略制定的影响已经有了较为充分的认识。而该时期设计学派存在的明显不足之处主要是认为企业战略不是企业正式的规划，只是企业管理层进行的有意识但非正式的构思过程，并未将战略提升到企业发展的

① 企业所面临的优势、劣势、机会、威胁。

重要正式决策层面。另外，设计学派认为战略包括了战略的制定和实施两个过程，并没有将两者随着环境变化而发生的互相影响作用考虑进来。设计学派作为近代战略经典理论的开端，为企业的战略管理进行了初步的探讨，为战略理论的发展奠定了一定的基础。特别是 SWOT 战略分析理论模型的提出，为战略理论的发展做出了很大的贡献。虽然存在一定的不足之处，但是设计学派在战略理论的发展里程碑中依然具有重要的意义。

2. 计划学派

计划学派和设计学派的出现在时间上基本相近，很多思想和设计学派也十分相似。但是之所以没有将计划学派与设计学派归为一种战略理论，主要是因为设计学派克服了计划学派侧重主观分析的方法，而是将数量分析方法引进战略理论的分析，更加注重战略决策的科学性。同时还利用数学模型、定量分析等方法用于企业战略决策的制定过程。其代表人物有安索夫、申德尔和霍夫斯坦纳、阿科夫等。安索夫 1965 年出版的《企业战略》一书是设计学早期较为经典的著作。在书中安索夫从四个方面阐述了战略的构成。第一方面是确定企业在所在行业经营的产品以及希望保持的市场地位。可以看出第一方面是从企业确定行业以后，在行业内部进行的产品范围和市场地位的初步规划。第二方面是增长向量。企业对产品和市场发展趋势的规划，具体来说是在第一方面的基础上，动态地确定企业产品、市场在现有的选择点到未来产品与市场结合点进行移动的方向。第三方面是协同效应。主要是指企业各部分资源的有效规划和分配可以产生的联合效应大于企业单项资源独立创造回报率之和。这要求企业在各项业务间进行资源、技术、管理等的联合共享，以便实现整体资源回报大于单项资源回报之和。第四方面是企业的竞争优势。是指企业在所在行业独有的、在产品或者市场中能够有效为企业奠定竞争地位的核心能力。申德尔和霍夫斯坦纳于 1979 年出版了《战略管理》，也是战略理论中较为经典的著作。在当时各位学者的推动下，计划学派的战略管理理论和当时的企业实践结合得较为紧密，提出了经验曲线①、增长－份额矩阵②、市场份额与获利能力关系等概念和研究方法，在当时企业的战略管理活动中，甚至现在的企业管理活动中都发挥了重要的指导作用。不但极大地丰

① 又称经验学习曲线、改善曲线。是一种表示生产单位时间与连续生产单位之间的关系曲线。

② 根据增长率和市场份额，将产品划分为明星类、问题类、“金牛类”、“瘦狗类”产品。

富了战略理论，还与企业战略实践紧密结合，发挥着重要的实践指导作用。

3. 学习学派

随着学者对组织有限理性进行了探讨和研究，以计划为起点的企业战略理论受到较多的质疑。因为计划学派认为除了战略的制定和实施可以提前进行计划外，战略的结果也具有一定程度的可计划性。但是在企业的战略活动实践中，战略的最终结果与计划的战略成果很少能够实现完全一致。很多预先制定的战略并没有实现。而在战略的执行中实现了一些未经正式计划的战略决策。所以在当时不少学者提出了学习学派，认为在战略的实施过程中，政治、权力、机会以及战略实施过程中的变化导致战略的实施过程具有一定的不可预测性。组织需要将战略的实施重点放在对内外部环境的变化、约束因素的适应上。而这个过程就是组织在战略实施中的学习过程，学习学派也逐步形成。学习学派之所以在战略理论的发展中具有较为重要的作用，主要是该理论从不同的角度阐述了企业战略的复杂性。这些理论为企业战略实践提供了较为全面的战略管理指导。具体来说学习学派包含了以下四种观点：

第一种是自然选择的观点。该观点认为企业外部环境的变化是不可预测的，仅仅依靠战略的制定无法抵挡所有企业外部的冲击。同样，企业内部的不同的资源配置、组织形式在面临相同的外部环境时，企业的反应也会不同，可能导致企业的优胜劣汰。

第二种是逻辑渐进的观点。该观点主要考虑在战略执行过程中人类的有限能力在面对复杂的外部环境时，不可能制定出来一套全面完善的战略供企业应付未来所有突发状况。这时企业的战略制定应该首先明确企业未来的发展目标，根据企业的目标、不断变化的外部环境逐步调整企业的战略决策，最终实现企业的战略。可以看出这种观点更加强调战略实现过程中企业长期目标的确定以及在实践中长期目标对企业战略决策的引导。

第三种是文化和政治的观点。该观点更强调组织文化和政治因素对企业战略的影响。该观点指出一个组织的文化是企业在长期发展中形成的较为稳定的企业信念，在短期内很难发生较大的改变。这种文化信念会显著影响企业管理人员的思维，从而影响企业战略决策的制定和实施。组织文化可以在外部环境发生变化时帮助企业管理人员迅速做出反应，但是同时这种文化也会禁锢管理人员的思想，对企业做出最优战略决策产生一定的阻力。除了强调组织文化的作用，政治因素也是该观点认为会影响企业战略的重要因素。政治因素是指企业组织具有不同的政治团体，而政治团体之间的利益并不一致，企业战略决策的制定过程也是不同团体之间利益较量和平衡的过程。

第四种是想象的观点。该观点强调企业高管人员在企业战略决策时，高管的直觉和想象力也是重要的影响因素。该观点指出理性思维和技巧并不能解决企业战略决策中所面临的所有变化，也就是正式的组织决策很难应对所有内外部环境的变化。高级管理人员的经验、直觉以及想象能为组织的发展起到推动的作用。

4. 定位学派

定位学派以迈克尔·波特教授为代表，在《竞争战略》和《竞争优势》两本著作中，波特详细地阐述了定位学派的观点。定位学派认为企业战略的选择首先是行业的选择，其次是在行业内部竞争力的提升。波特提出，外部环境是企业战略的重要影响因素，而行业环境对企业具有更直接的影响。所以企业最开始面临的战略决策就是行业的选择，不同行业具有不同的利润率、盈利能力和发展趋势。企业需要根据自身情况结合行业的吸引力水平选择要进入的行业。波特提出了著名的行业五种竞争力模型用于对行业盈利能力的分析，分别是所处行业的供应商、客户、竞争对手、替代品以及潜在进入者。在企业选定行业以后，接下来企业需要在所在的行业中进行定位。企业在行业中的定位决定了企业真正的盈利能力。因为在一个行业中，一些企业盈利能力高于平均水平，而另外一些企业低于平均水平。企业在行业中的定位决定了企业在行业内部的竞争力。还提出了在行业内部的战略选择一般有低成本、差异化和集中三种战略模式，用于增强企业在行业内部的竞争能力。

定位学派和之前的战略学派相比明显的不同之处在于，定位学派更加强调战略的内容，而不是战略的制定和实施过程。在企业实践中，定位学派给企业提供了企业进行战略决策时的决策顺序。除了给出企业在行业选择时需要考虑的战略因素，而且提供了企业在行业内提高竞争力的战略选择。对指导企业战略实践活动具有重要的意义。

5. 资源学派

资源学派，顾名思义是指企业拥有的资源优势以及整合能力是企业提高核心竞争力的主要影响因素。资源学派的典型代表人有库尔、申德尔、普莱哈莱德以及哈默。他们运用案例分析的方法，对当时世界上优秀企业成功的经验进行了研究分析，发现企业核心竞争力的优势在于企业利用自身所拥有的资源对外界变化进行反应的能力。同时提出不同行业，甚至同一行业的不同企业之间的资源优势都各不相同。这种资源异质性以及企业利用资源的方式是企业形成核心竞争力的主要源泉。所以资源学派战略理论认为，通过提高企业所拥有资源的运用能力，可以显著地提高企业的核心竞争力。随着不少企业利用自身资源获取了核心竞争力，资源学派理论在当时获得了认可。资源学派战略管理理论对战略理论的发展做出了巨大的贡献。但是从现代战略管理理论出发，可以看出资源战略理论的不足之处在于，过于强调资源建设在企业战略发展中的作用，而对企业面临的其他内外部环境的变化考虑欠缺。一旦外部环境发生变化或者企业资源获取能力有所改变，都将影响企业核心竞争力的持续性。也就是说单一维度地考虑企业资源给企业带来的优势，会导致企业核心竞争力的不稳定性甚至丧失，从长远来看也会影响企业的可持续健康发展。

（二）当代战略理论

在近代战略理论中，各种理论主要侧重于讨论企业自身的竞争和竞争力的提高。但是到了 20 世纪 90 年代后，科技进步速度加快，经济全球化导致了企业竞争的国际化，而且客户需求也越来越多样化。企业创新和对未来市场产品需求的预测成为企业在市场中得以生存的重点。所以企业战略管理理论的研究重点也逐步向企业创新的角度过渡。下面介绍在创新成为企业战略管理理论重点后出现的当代战略管理理论。主要有超越竞争理论、集群理论以及变革竞争理论。

1. 超越竞争理论

超越竞争理论的主要代表人有德博诺、莫尔和达韦尼。德博诺提出了超越竞争理论（Super Competition）。在他的著作《超越竞争》中，德博诺提出了企业的动态能力①对企业的战略决策具有重要的影响。该理论认为，企业应该根据外部环境的变化，动态匹配企业的内外部资源以便应对市场产品和商机的变化。该理论强调企业应该具有一定的创新能力，满足顾客新的需求变化。莫尔提出了企业生态系统使用演化理论，该理论认为企业处在一个闭合的企业生态系统中，企业在制定企业战略时所考虑的主要因素是其所在的生态系统。这个系统包括了企业

① 动态能力理论（Dynamic Capability Theory）认为，竞争优势很难维持，只有不断进行创新才能持续成功。

的供应商、顾客、竞争者等其他利益相关者。企业在考虑自身绩效时，从生态系统的角度来看，不再是单一考虑企业自身的业绩。生态系统中所有利益相关者的效应最大化是企业应该追求的目标。而企业之间的竞争也不再是行业内部的竞争，而是企业在所处的生态系统中的地位和领导能力。企业未来业务的拓展主要为满足客户新的需求。个别企业在生态系统中的成长不是企业生态系统中的重点。整个生态网络的发展以及企业在网络中所处的地位成为企业首要考虑的重点因素。所以可以看出生态系统使用演化理论，将企业所处的环境构成企业的生态系统，并认为企业所处的生态系统的稳定及在生态系统中的地位是企业竞争优势的主要来源。达韦尼提出了超级竞争（Hyprecompetetion）模型，他认为企业的战略应该满足不断变化的外部环境和客户需求。没有任何一种战略可以使企业获得长期的竞争优势。企业需要不停地创造新的短期优势，才能不断地在市场中获取竞争力。因此该理论不但强调企业在时间上要领先客户的需求和竞争对手的反应，而且需要对企业所在行业的发展趋势具有一定的预测能力以及满足客户未来需求的能力。这种理论体现了企业以顾客需求为中心的发展战略思想。在这种战略思想下，企业的成功需要长期动态的变动战略。这给企业的应变和预测能力提出了较高的要求。

2. 集群战略

集群战略主要代表人是迈克尔·波特。他先后在《国家竞争优势》和《产业集群与竞争》中提出了集群的概念，并阐述了企业集群在企业战略中的作用。集群战略理论将企业战略理论和产业组织理论有机地结合在一起。集群战略认为在企业的行业内部，企业可以采取相似或者相同的战略形成集群优势。所以集群战略理论认为企业之间的竞争表现为企业集群之间竞争力的较量，而不再是单独的企业与企业之间的竞争。集群战略理论还提出了几种企业集群的方式。如相关的企业集团或者相关机构在地理位置的集群，可以使企业享受范围经济和规模经济的优势，在地理集群内的企业将具有一定的竞争力。而基于企业之间信任为基础的战略集群，可以提高企业交易效率、节约交易费用等。同时不少学者提出了企业战略集团的构造过程。首先企业选择目标产业，确立战略的空间范围；其次选择具体行业和行业战略层次；最后为企业确定具体战略。可以看出集群战略的三个层次是递进的关系。近年来战略集团的发展较快，其依据的核心理论就是企业集群战略理论。集群战略理论不但在理论上丰富了战略理论的发展，而且在我国企业战略整合、企业战略制定以及核心竞争力的指导上都发挥了积极的作用。

3. 变革竞争理论

变革竞争战略的主要代表人是布朗、艾森哈特。他们在《边缘竞争》一书中提出了变革竞争理论。变革竞争理论认为企业外部环境的高速变化和不可预测性是企业未来面临的重要外部环境特征，所以企业战略应该将重点放在如何迅速感知和应对外部环境的变化上。对于企业自身来说这需要企业具有较强的组织结构的支持，才能保证企业具有迅速反应的能力。具体地，该理论将变革竞争理论划分为三个层面。首先是感知外部环境变化并对企业内部需要进行的变革做出判断和反应，这需要企业具有敏锐的洞察能力、敏捷的反应能力以及相应的组织结构的支撑。其次是对环境未来的变化和企业需要做出的变革趋势做出预测，这就要求企业不但具有观察目前环境变化的能力，还要具有对未来可能的变化和变革进行预测的能力。最后是领导变革，是指企业具有引领行业进行变革的能力，而不是被动地应对企业外部环境的变化。这就需要企业具备一定的行业地位和影响力。这三个层面并不是独立存在的，在企业经营的每个时间点上，他们都是并存的。这需要企业具有将这三个层面的战略变革进行融合的能力。变革竞争理论对企业组织的机构和反应能力具有较高的要求。而传统的固定式结构和松散式结构都不能有效地满足变革竞争理论对组织结构的要求。这需要企业根据自身特点、内外部环境寻求企业组织结构的最佳平衡点。

（三）中国战略理论研究的前沿

魏江等（2014）依据近年来中国学者对战略理论的研究成果，结合中国独特的制度环境以及全球竞争融合的特点，对中国学者对战略理论的研究贡献从六个方面做出了总结。①组织双元性。组织双元性是由中国独特的文化传统和制度背景形成的，在中国的传统文化中讲究事物的多元和谐发展。受中国文化的影响，在企业战略理论的研究和实践中，竞争和合作可以共存，并能够相互促进。这和西方战略理论的观点具有显著的差异。另外，由于中国资本市场制度还有许多不完善之处，在对企业的各方面管理中，除了正式制度对企业产生影响外，非正式制度和中国的传统道德理念也对企业的战略管理发挥着积极的作用。组织双元性对企业战略的具体影响，还有待进一步深入研究。②企业网络学习和运用能力。信息技术的发展和普遍运用改变了企业组织的管理和构建模式。一个组织网络学习和运用能力对企业的整体发展具有重要的意义。一方面，网络的运用可以使企业节约更多资源；另一方面，网络时代的知识传播速度以及沟通速度加快，为企业有效利用和整合各方面的资源提供了更为快捷的路径。③中国企业如何更有效地在全球化的背景中有机地与世界经济发展相结合。这是从更宏观的层面探讨中国企业在世界经济发展中采用的战略。世界经济的融合发展，为中国企业提供了很多机会，同时也带来挑战。从整体上来看，中国企业在全球经济链中还处在价值链的末端。中国企业需要进一步提升技术水平，通过国际企业合作、并购等手段，顺利融入世界经济，提升中国企业的国际竞争力。④企业商业模式①的创新。企业的商业模式成为企业获取核心竞争力的重要手段。商业模式强调企业的综合竞争优势，不但需要考虑企业所在的市场和行业的影响因素，而且定位了企业战略的出发点，认为企业应该从客户的角度进行价值的创造。⑤基于创新的创业。在企业内外部环境日益复杂的情况下，企业的创新能力对企业创造价值和持续发展具有重要的影响，也对企业竞争力的提升具有重要作用。⑥企业社会责任对企业战略发展的影响。对企业战略的研究，不但要关注企业战略的经济利益，还要从经济和环境的角度平衡发展。

第四节　证券分析师相关理论概述

一、证券分析师概述及其重要性

分析师的分类方法有很多种，例如卖方分析师（Buy - side Analysts）和买方分析师（Sell - side Analysts），大胆分析师（Bold Analysts）和从众分析师（Herding Analysts），领先分析师（Lead Analysts）和跟随分析师（Follower Analysts），本土分析师（Local Analysts）和外籍分析师（Expatriaates Analysts），关联分析师（Affiliated Analysts）和非关联分析师（Non - affiliated Analysts）等。卖方分析师一般是指被经纪商聘用的分析师，他们的主要工作是帮助投资者买卖股票提出建议，为券商或者投资银行赚取佣金收入；买方分析师一般受聘于券商或者基金内

① 商业模式是指企业在资本市场中与顾客、供应商等之间的物流、信息流和资金流。

部，为机构投资者管理散户的财富提出建议。他们的预测报告一般不对外发布，仅供基金内部参考。大胆型分析师是指分析师在做预测修正时是否偏离目前的一致预测，如果分析师预测数据和一致预测相差较大，则表示分析师较为大胆，敢于进行重大偏离；反之则称为从众分析师。领先分析师是指分析师的预测相对其预测报告发布时，前后相邻分析师预测报告发布时点的时间差的比。比值越大表明该分析师是领先分析师；反之则为跟随分析师。本土分析师是指分析师与预测对象同属于一个国家；反之则为外籍分析师。关联分析师一般是指和所预测公司具有一定的经济利益关系的分析师，这种分析师的客观性和独立性一般会受到影响；若分析师与预测对象之间没有相关的利益关系，则称之为“非关联分析师”。

在资本市场中，证券分析师作为信息中介具有极其重要的作用。具体来说分析师主要发挥三方面的功能：私有信息搜寻（Private Information Search）功能、前瞻性信息分析（Prospective Analysis）功能以及回顾分析（Retrospective Analysis）功能。信息的充分披露和有效传播可以降低资本市场信息不对称程度、提高资源配置效率。资本市场中信息的主要来源有：国家监管部门要求企业提供的强制性披露信息、由企业自愿披露的信息以及由信息中介（分析师和新闻媒体）提供的信息。一般来说，企业提供的强制性披露信息和自愿性披露信息专业性都比较强。而分析师可以将企业披露的信息转化成更容易被普通投资者理解的预测报告或者投资评级。分析师加速了资本市场中信息的流动、提高了信息的可理解性，对资本市场资源配置效率的提高发挥积极作用。分析师是资本市场发展到一定阶段的产物，是资本市场的信息供给者、价值提供者。相对普通投资者，分析师一方面具有一定的信息收集能力和信息的渠道；另一方面具有专业的技能、较高的信息解读与分析能力。分析师持续跟踪价值相关的信息并从中甄别有效信息，加快资本市场反映所有信息的速度。分析师的这些行为不但促进了信息与价值融合机制的形成，而且提高了资本市场信息价值的效率。分析师凭借专业能力与行业关系，收集公司与行业的相关资料、进行专业的分析，进而发布各种预测、评级以及买卖推荐。目前，我国处在新型加转轨的经济发展阶段，分析师在资本市场中发挥了更加重要的作用。已有研究指出分析师作为信息中介，可以有效降低资本市场信息不对称程度、提高资本市场资源配置效率、降低代理成本等。分析师不但具有信息中介的职能，也具有一定企业外部治理作用。

第一，在资本市场中分析师通过收集信息和挖掘信息，进行分析和发布预测，促进资本市场的买卖推荐。分析师可以解读已有信息、生产新的信息，并传递信息，从而降低资本市场信息不对称程度，促进资本市场要素的流通速度和效率。第二，在实务中、学术研究时常常以分析师的预测作为整体市场的预期。这说明分析师的预测可以作为市场或者多数投资者对市场的预期的代表。分析师对资本市场整体或者某一特定公司的乐观、悲观程度也代表了市场的整体态度。第三，分析师对某特定公司的未来预测，可作为公司预期盈余的代理，可以用来检验某特定事件的信息内涵。第四，分析师发布的多期盈余预测可以用来估计公司的真实价值和计算公司合理的资金成本，这对公司运营和学术研究都具有相当重要的意义。

二、证券分析师的决策过程

分析师的决策过程也是分析师投入、产出的过程，是分析师根据自身的利益函数进行权衡的过程。分析师在进行预测和推荐时，需要哪些信息？根据已有研究的结果，分析师进行预测、推荐所需要的信息平均来说一半来自于企业的年报，主要是企业盈余信息、股利信息（Denis et al.，1994）、管理当局讨论与分析（Healy et al.，1999）以及企业的部门报告（Healy et al.，1999）等。分析师在使用公司的信息时，不但会利用企业的历史资料，也会利用企业的预测资料。企业历史年份的财务信息，对分析师的预测具有一定的指导作用。企业以往年份管理者当局的盈余预测质量越高，分析师对企业管理层当期预测的依赖程度也越高（Williams，1996）。另外，分析师会利用企业已公开的信息和未公开的私有信息。企业已公开的信息也就是公共信息（Public Information），一般是指企业在资本市场上公布的年报信息、披露给所有分析师的信息、报纸杂志以及总体经济信息等。分析师的私有信息（Private Information）是分析师个人所特有的信息。在分析师预测过程中，分析师对公共信息和私有信息的使用偏好并不确定。一般来说企业的信息不对称程度越高时，分析师使用的私有信息占比越高（Barron et al.，2001）。

分析师作为专业的信息中介，如何根据前文提到的信息做出决策，将其投入转化成对资本市场来说有用的信息呢？有关分析师的决策过程不少学术研究进行了分析。研究发现分析师分析时使用的决策模型主要是 PEG 模型[①]（Price – earn-

① PEG ratio =（P/E）/LTG。

ings－to－growth Model)，而很少使用在理论上较为完善的会计评价模型[①]和股利折现模型[②]。整体来说，分析师进行决策的过程更倾向于实务中较为常见的前瞻性的股价盈余比率模型。分析师更喜欢推荐成长较好的公司。一般来说，分析师进行的盈余预测和股票推荐和企业的实际价值息息相关，能够体现企业在资本市场上实际的投资价值。公司披露的信息质量越高，分析师关注并发布报告的意愿也越强烈。分析师也更愿意跟踪企业盈余较为稳定的公司（Previts et al.，1994)，对这些公司进行跟踪，预测分析师面临的风险较小。分析师除了考虑进行跟踪的成本外，也会对跟踪的利益进行考量。一般来说分析师更愿意跟踪前景较好的企业（McNichols and O'Brien，1997)。分析师也比较倾向于跟踪无形资产较多的企业，因为无形资产较多的企业意味着企业未来会有更多的利益流入，而企业目前的股价很难体现出企业全部无形资产的价值。分析师会有较高的动机去挖掘这类企业的私有信息，以发现价值增值信息，发布预测报告或者进行股票的推荐，从中获取经济利益或者提高其在分析师行业的声誉。

分析师的主要产出是发布盈余预测和股票评级。分析师的盈余预测除了包括对当期的盈余预测外，有时还会进行一系列的多期盈余预测。同时也有分析师会对企业未来的现金流量、销售收入等做出预测。研究表明分析师对现金流的预测可以提高分析师盈余预测的准确度。当企业的信息不对称性程度较高时，分析师很有可能发布对该公司的现金流预测（DeFond and Hung，2003)。分析师投资组合的选择，也是分析师进行决策的重要产出。一般来说，分析师为了提供可靠、有用的信息，从自身的利益出发会选择一到两个行业的企业进行跟踪。尽量将负责企业的行业属性最小化，将有利于分析师发挥行业经验以及信息溢价的功能，最优化自身的效益函数。另外分析师也会对所负责公司的财务状况、发展趋势、行业未来前景以及经济形势对行业的影响等做出分析。无论是分析师的盈余预测，还是分析师的股票推荐，分析师根据可利用的信息发布预测后，随着分析师掌握信息的改变，会对以前发布的预测信息进行多次修正。

① 以分析师预测代入得到公司的真实价值 VRI，除以实际股价 P 得到 VRI/P。VRI/P 越高（低）时，分析师越会推荐买入（卖出）该股票。但实证结果与预期相反，说明分析师不使用现值模型作为推荐股票的依据。

② D/（k－g)，其中：D 表示每股预期股利，k 表示预期回报率，g 表示预期增长率。

三、证券分析师预测报告的信息内涵

分析师的预测报告一般包括盈余预测和股票推荐。分析师对企业的盈余预测一般有短期预测和长期预测，分析师的短期预测可以为股票的短期操作提出参考，而分析师的长期盈余预测可用于会计评价模型，可以估计公司真实价值以及企业的资金成本。这两点在实务中和学术研究中都具有重要的意义。在实务中，企业的价值信息有助于投资者发现和甄选股票投资价值，进行合理投资决策。企业的资金成本信息可以帮助投融资双方做出合理的决策。在学术研究中，分析师对企业价值和资金成本的估计也具有重要的意义。分析师估计的资本成本常常作为企业未来真实的资金成本的替代用于学术研究中。

分析师也会对企业的销售收入、现金流量进行预测。与预测企业的费用相比，预测销售收入比较容易，因为企业销售收入的可持续性较强、同质性较高；企业的费用则相反，而且企业的收入操纵难度比费用操纵要大。基于以上原因，分析师更倾向于对企业的销售收入进行预测。现金流量的预测有助于分析师和投资者对公司价值进行评估。若分析师同时提供了盈余预测和企业的现金流预测，会显著影响企业管理层进行盈余操纵的方式。一般来说，此时企业高管人员更倾向于利用应计项目进行盈余管理。

分析师的股票推荐分为强力买进、买进、持有、卖出、强力卖出五类，而我国的分析师更倾向于发布买入推荐，这造成分析师发布买入推荐时的信息内涵并不是很大。相反，分析师发布卖出推荐时，市场会有较大的反应。在进行股票推荐时，大部分分析师都会提供目标价格信息，一般来说目标价格信息和企业的股价成正相关，所以说目标价格具有较高的信息内涵。在分析师进行目标价格修正时，若修正保持一致，那么市场反应会更加的强烈（Bra and Lehavy，2003）。

资本市场中信息和分析师发布预测报告都具有一定的信息内涵。但是分析师进行预测时是否有效地利用了市场信息？投资者在进行投资决策时是否充分利用分析师的信息呢？对这两个问题的讨论，有助于理解分析师预测报告的信息内涵和作用。首先是在分析师生产信息的过程中，分析师是否有效地利用了市场上的公开信息。研究发现分析师存在对盈余信息或者企业其他信息反应不足的情形。主要表现为分析师的预测盈余修正和预测误差呈正相关。也有研究表明分析师对市场中消息的反应是不足还是过度，跟企业发布消息的性质有关。一般来说分析师对企业的坏消息反应不足，但是对好消息却又反应过度。这也与分析师一般倾向乐观的行为一致。其次是投资者是否有效地使用了分析师的预测报告和评级建议。研究表明市场投资者对分析师发布的信息也存在反应不足的情况（Gleason and Lee，2003）。若市场投资者能够充分利用分析师的信息，那么按照分析师的预测推荐不应该获得超额异常回报。但是研究发现，根据分析师的策略进行选股，可以获得较高的异常回报。说明分析师的信息在市场中并没有得到充分的使用，才会导致异常回报的存在。

四、证券分析师的监管环境

分析师是资本市场中重要的信息中介，对资本市场资源配置效率具有重要的影响。从获取信息的角度看，分析师相对于其他投资者处在优势地位。所以分析师也具有利用信息优势进行机会主义行为的倾向。分析师的独立性和客观性一直受到市场的质疑。为了保证分析师行业的健康发展，促使分析师发挥更加积极的作用。各国为规范分析师的行为都制定了相应的政策法规。在国际上比较著名的两个法案是《公平披露条例》和《全球分析师和解条例》。

《公平披露条例》（Regulation Fair Disclosure，RegFD）（以下简称《条例》）主要用来避免企业选择性地披露重大信息给关系较好的分析师，用以维持资本市场的公平性。也用来避免分析师为了维持和企业的良好关系，不能保持独立客观的态度。该《条例》要求公司在进行信息披露时需要全面公开披露，不能对披露对象进行特定的选择，保证所有投资者具有获取信息的同等机会。该《条例》实施以后，分析师预测质量并没有下降，反而有所提升。与《条例》发布之前相比，分析师愿意花费更多的时间进行私有信息的收集，这显著提高了分析师的预测质量。该《条例》发布以后，分析师的跟踪对象也发生了显著改变。因为对于所有的公司，分析师获取信息的机会和普通投资者都是相同的，分析师更愿意跟踪以前未曾关注过的公司，以便凸显其具有较高的专业能力。也有研究认为，该《条例》的实施会降低企业自愿披露信息的数量，导致企业信息不对称程度的增加。从整体上来讲，RegFD 实施以后市场投资者之间获取信息的机会更加平等，有助于降低投资者与投资者之间的信息不对称。但是可能会提高企业管理者和投资者之间的信息透明度，减少了分析师获取私有信息的渠道。

分析师的预测报告和股票推荐与投资银行业务之间具有一定的关联性，分析师的独立性会受到这些业务的影响。利益冲突的存在严重影响了分析师的客观性。为此在分析师发布预测报告时，纽约证券交易所提出了相关的约束规定。要求分析师在发布预测报告时，公布其收入是否与投资银行相关、是否在被预测企业担任职务、被预测的公司是否是其所在券商的服务客户。而且要求投资银行业与研究部门分离。在此之后，分析师的预测有了较大的改善，尤其是分析师的乐观倾向得到了有效抑制。但是分析师总的信息量也受到了影响，呈现减少的趋势。

在中国资本市场中，分析师也受到各种政策法规的监管。2011 年 1 月 1 日起施行的《发布证券研究报告暂行规定》明确规定："证券公司、证券投资咨询机构发布证券研究报告，应当……有效防范利益冲突，公平对待发布对象，禁止传播虚假、不实、误导性信息，禁止从事或者参与内幕交易、操纵证券市场活动。"上述规定还要求"证券公司、证券投资咨询机构应当建立健全与发布证券研究报告相关的利益冲突防范机制，明确管理流程、披露事项和操作要求，有效防范发布证券研究报告与其他证券业务之间的利益冲突"。而在《中华人民共和国证券法》中也明确规定："禁止证券交易所、证券公司、证券登记结算机构、证券服务机构及其从业人员，证券业协会、证券监督管理机构及其工作人员，在证券交易活动中做出虚假陈述或者信息误导。"此外中国证券业协会公布的于 2011 年 1 月 1 日实施的《证券公司信息隔离墙制度指引》，也要求证券公司建立起健全信息隔离墙制度，以防范内幕交易和管理利益冲突。

第三章　企业战略差异对分析师关注行为影响的实证检验

第一节　文献综述

林小驰等（2007）研究了海外分析师关注中国上市公司的关键因素，发现海外分析师倾向于关注经营较好且经营风险小的公司。具体研究结果是，相对于未被关注的上市公司，分析师关注的上市公司一般来说总资产较高、资产负债率较低、资产收益率以及利润增长率较高等。可以看出分析师倾向于关注规模较大且风险较小、成长性较好的上市公司，因为关注这样的公司更有利于分析师预测准确度的提升。而且分析师更倾向于关注治理结构较好的公司，表现为被关注公司的其他应收款占总资产的比例较低、控股股东持股比例较高、流通股比例较低，分析师更倾向于关注非国有性质的企业。企业的盈余波动性也会影响分析师的关注水平。分析师在选择投资策略时，会考察公司的前期盈余波动和长期成长能力状况。上市公司长期成长能力越好，分析师关注越高；上市公司前期盈余波动越高，越能吸引分析师的关注（崔玉英等，2014）。上市公司的信息披露政策也会显著影响分析师的关注行为。主要表现为，信息披露政策越公开越透明，关注公司的分析师数量就越多。这说明，在公司特征影响分析师关注行为的因素中，上市公司的信息披露水平的高低，对分析师关注具有重要的影响。因为高质量的信息披露政策有利于缓解资本市场的信息不对称问题（白晓宇，2009）。上市公司业绩预告对分析师关注具有显著的影响，研究发现分析师更倾向于关注发布定量业绩预告的公司，而对发布定性业绩预告的上市公司关注相对较低。发布的定性业绩预告区间越小，分析师关注度越高（王玉涛、王彦超，2012）。上市公司的媒体的关注度，也会对分析师的关注行为具有显著的影响。媒体关注度越高，分析师关注也越高（周开国等，2014）。窦欢和王会娟（2015）从公司 IPO 过程是否有私募参与进行研究，发现相比没有私募股权支持的公司，有私募股权投资的公司，分析师关注更多。另外，若是有外资背景的私募股权对公司进行了投资，这样的公司会受到更多分析师的青睐；进一步研究发现参与上市公司的私募股权投资机构越多，对该上市公司关注的分析师也越多。刘文生和谢帮生（2017）基于分析师所在券商和分析师关注的公司是否聘用同一家会计事务所，研究了同聘会计事务所对分析师关注行为的影响。研究发现具有同聘会计事务所的公司，分析师关注度更高。一般来说，机构投资者持股比例也会显著影响分析师的关注水平。研究发现机构持股比例越高，分析师关注水平越高；机构或者券商重仓持有股票，分析师关注水平更高（姜波、周铭山，2015）。

通过分析可以看出分析师的关注行为会受到企业层面多方面因素的影响，分析师对规模较大、无形资产较低的企业更加关注。因为规模较大、无形资产较低企业的信息透明度更高（胡军、王甄，2015）。同样地，分析师更关注成长性较好的企业。除了企业自身的影响外，企业的信息环境也是影响分析师关注的重要因素，企业信息可获得性越高，分析师关注越高（白晓宇，2009；方军雄，2007；王玉涛，王彦超，2012；胡军等，2016）。企业信息披露越规范，分析师更乐意增加信息供给，且预测更加准确（刘永泽、高嵩，2014；肖土盛、宋顺林、李路，2017）。企业利益相关者的行为也会影响分析师的关注度水平。例如媒体关注度（周开国等，2014）、审计师、机构投资者都会影响分析师的关注行为。

对以上文献进行归纳可以发现，从公司层面来看，分析师倾向于关注企业风险较低、信息透明度较高的企业。当企业采取与行业常规经营模式差异较大的战略时，企业的风险会随之增加。Tang 等（2011）经研究发现，战略偏离行业常规战略越远的企业，其未来不确定性越强，业绩波动性也越大。蔡卫星和曾诚（2010）从公司多元化的角度研究多元化对分析师关注行为的影响。结果证明由于分析师获取信息成本增加，公司多元化程度越高，分析师关注程度越低。从分析师跟踪的投资组合的角度来看，分析师倾向于跟踪处于相同或者相似行业的公司，跟踪战略偏离行业常规战略较远的企业，将不利于分析师发挥行业管理经验和信息、知识溢价作用，会显著降低分析师的预测绩效，降低分析师的关注水平。

在已有的国内外对企业战略、分析师关注行为研究的基础上，基于“战略风险信息传递—分析师风险感知—分析师行为调整”的逻辑框架，本章首先将对企业战略差异对分析师关注行为的影响进行研究，其次研究企业战略差异对分析师行为影响的作用机制和治理机制。本章研究分析路径如图 3 - 1 所示。

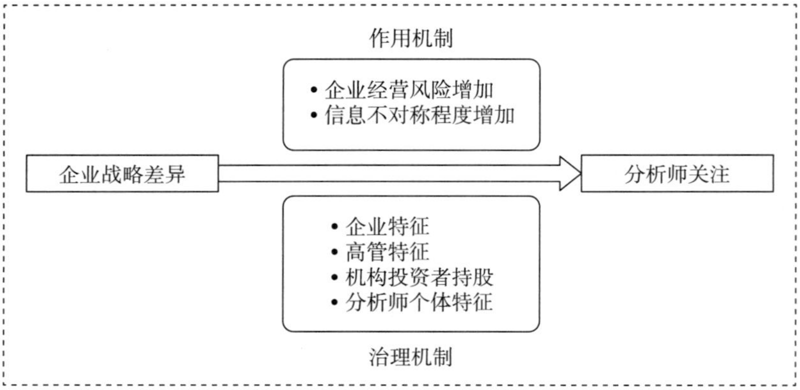

图 3 - 1　企业战略差异对分析师关注影响研究分析路径

第二节　理论分析与假设提出

行为金融学表明，公司层面风险信息改变利益相关者信息感知，风险信息感知变化导致利益相关者行为的调整，最终表现为风险信息对利益相关者行为的影响。其影响过程可以分为风险信息传递、风险信息感知和行为调整三个步骤。在战略信息影响利益相关者行为方面，现有文献也证实了上述过程的存在。首先，战略差异会影响银行提供贷款的条件和风险溢价补偿率（李志刚、施先旺，

2016），增加审计师审计风险和审计失败的概率（Bentley et al.，2013）等。其次，战略所传递的信息会改变利益相关者的风险感知。在早期，战略研究领域的三位权威人士（Chandler A.，1962；Andrews，1971；Porter M.，1996）认为，企业战略是计划性、目标性、确定性和长期性的结合体。但近年来，随着企业外部经济环境不确定性增加、行业内部竞争日趋激烈，以计划为起点的企业战略受到了学者和企业管理者的争议，明茨伯格（Mintzberg H.，1989）认为战略的选择多数是在无计划的情况下产生的。许多学者从组织的有限理性出发对企业战略进行了研究，提出了现代企业战略的概念。并认为应变性、竞争性和风险性才是企业战略的突出属性（Porter. M，1997）。企业经营环境的高速变化和不可预测是企业外部环境的主要特征（Brown and Eisenhardt，1998）。随着人类认知能力的不断加强，在肯定企业战略能够带来核心竞争力的同时，对伴随的风险也有了更加清晰的感知和认识。最后，分析师会对公司的所有信息进行分析和判断，对感知的风险采取应对措施。不同的公司，即使采取了相同的战略决策，也不会有完全相同的风险。这不但与企业选择的战略相关，也与执行战略的高管以及企业的其他各方面特征息息相关。分析师会综合权衡公司特征、战略差异度、企业高管特征等因素，调整自己的判断和行为。最终表现为战略差异对分析师关注、分析师预测质量的影响。可见，“信息传递—风险感知—行为调整”的传导机制可用于企业战略差异对分析师行为影响的分析过程中。

首先是战略的风险性以及风险信息传递。新制度经济学理论表明，上市公司应该遵循行业标准，才能更好地执行行业相关制度和政策，获得更多行业资源、减少不确定性、获得可持续发展（DiMaggio and Powell，1983；Meyer and Rowan，1977）。从外部法制环境角度分析，常规战略模式下企业更适应熟悉的行业法律环境，这有利于降低法律诉讼风险。虽然企业的终极成功依靠墨守成规是不能达成的，但是战略差异也不是保证企业获取持续竞争的“撒手锏”。因为一个行业发展到生命周期的每一个阶段都积累了丰厚的行业经验，并沉淀出有利于本行业持续发展的模式（Meyer and Rowan，1977；DiMaggio and Powell，1983）。但由于竞争的加剧、技术革新等原因，不少企业会在原有行业基础上进行战略差异化的选择，最终在一定程度偏离行业常规战略。Tang（2011）等发现，企业战略偏离行业常规越大，其风险越大，业绩的波动性也越高。因为当企业进入一个新的行业领域，企业面临的风险和挑战会上升，有可能获取极端收益或遭受巨大损失。

其次是基于企业战略差异带来的市场信息需求及分析师在资本市场中的角色分析，推理分析师在战略差异度增大时，可能受到的影响及分析师会采取的行动。战略差异较大的企业，企业未来的风险和不确定性加大。虽然企业的管理层负有向监管者、外部投资者披露企业所有相关信息的义务，但是作为本质上的信息分配者，在法律和制度许可范围内，管理者拥有一定程度上的信息披露内容和披露时机的选择权（潘越等，2011）。管理层具有隐瞒、推迟企业负面特质信息的动机（Jin and Myers，2006）。所以在资本市场上，投资者对战略差异度较大企业的信息需求更大。在资本市场中分析师具有缓解企业与投资者信息不对称的信息中介作用。分析师具备对信息获取、挖掘、生产、传递全方位的信息链参与过程（潘越等，2011）。在分析师的信息获取和挖掘环节，分析师具备吸收消化公共信息，并依靠自身或所在券商的信息渠道挖掘私有性的专业能力。在信息的生产环节，分析师能够依靠专业能力深刻透彻地解读企业的信息，并对关键信息进行提炼加工，最终形成质量较高且易于理解的预测报告和股票推荐。在信息的传递环节，分析师具有大量的信息传播渠道，并有较多的客户追随者，能够引起市场上较大的市场反应。一方面，由于企业差异化战略增加了企业未来的风险和不确定性，市场普通投资者无法对企业的未来绩效进行有效估计和预测，需要分析师提供更多的专业解读和分析。因此战略差异越大的企业，市场信息需求越大，分析师若能提供战略差异较大企业的信息，将更能满足投资者的信息需求，引起较大的市场反应，分析师也可以从中获取较大经济利益。从战略差异较大企业的信息需求较大，而且分析师更有专业优势和资源能够提供较多信息，并能从获取较大经济利益的角度出发进行推理，分析师会更加关注战略差异较大的企业，加大跟踪的投资组合策略中差异较大企业的比重。但另一方面，在有关分析师的以往研究中，学者姜超（2013）、刘永泽和高嵩（2014）发现企业信息不对称较高会显著降低分析师的信息供给。Grant 等（2000）研究指出，分析师倾向于关注风险较低，即盈余波动性较小的公司，这体现了分析师厌恶风险的心理。而企业战略差异必定带来未来的不确定性风险的增加，分析师作为专业信息中介，会对企业战略差异带来的风险进行识别、评估并最终做出行为调整。依据风险厌恶心理因素分析，分析师会减少对战略差异较大企业的信息供给。由于各方面资源的限制以及市场对高质量预测报告的需求，分析师合理选择投资组合对分析师个人、证券公司及整个资本市场来说都十分重要（Tan，2016）。研究财务分析师如何选择跟踪负责的公司，如何整合利用不同来源的信息，对理解财务分析师决策过程和预测行为具有很大的帮助。Bradley 等（2017）的研究表明公司行业共性是影响分析师选择投资组合的主要因素，并会显著影响分析师关注行为。因为处于同行业的公司具有相同的经济环境、技术以及发展机遇（Hirshleifer，2013），所以最终分析师选择跟踪的公司一般处于相同或相似的行业（Gilson et al，2001；Piotroski，2004）。这有利于分析师行业经验的积累和预测绩效的提高，具有行业专长的分析师预测更加准确（刘永泽、高嵩，2014）。偏离行业常规战略越大的企业，分析师利用原来具有的行业知识和经验不再能够对企业进行较好的预测，增加了分析师行业知识学习的成本，以及信息收集和分析的难度，分析师会降低对战略差异较大企业的关注。

同样，还可以利用心理学中的模糊厌恶理论对分析师在面临战略差异较大企业时的决策行为进行分析。人们在熟悉的事物和不熟悉的事物之间更喜欢熟悉的事物，而回避选择不熟悉的事物。人们厌恶主观的、模糊的不确定性，甚至讨厌客观存在的不确定性。当这种模糊性是一种对未来会造成巨大损失的可能性时，人们对这种模糊的厌恶和回避心理就更加强烈。在有关分析师的以往研究中，学者姜超（2013）、刘永泽和高嵩（2014）发现企业信息不对称会显著降低分析师的信息供给。Grant 等（2000）的研究指出，分析师倾向于关注风险较低，即盈余波动性较小的公司。这都体现了分析师在关注企业时具有显著的模糊厌恶心理。而企业战略偏离行业常规战略越远，分析师对企业的熟悉程度越低。熟悉程度的降低会导致分析师产生模糊厌恶的心理特征。分析师会对企业战略差异带来的风险进行识别、评估并最终做出行为调整。因此根据模糊厌恶理论分析，分析师会减少对战略差异较大企业的信息供给。

综合上述分析，提出以下对立假设 H1a 和 H1b。

H1a：企业偏离行业常规战略的差异度越大，投资者对企业的信息需求越高，分析师关注越高。

H1b：企业偏离行业常规战略的差异度越大，企业的未来风险越大、信息不对称程度越高，分析师对企业的不熟悉程度也越高，分析师关注越低。

第三节　研究设计

一、样本来源及选择

本章所用数据主要来源于 CSMAR 数据库，选取了 CSMAR 数据库中 A 股上市公司 2008～2017 年的财务数据、分析师预测数据等，共得到公司年度层面样本 21790 个。剔除 ST/PT 样本、金融行业样本、数据缺失样本，最后得到公司年度层面数据共 11395 个。为了避免极值对结论的影响，对连续变量进行 1% 的缩尾处理。相关数据处理和回归分析均在 Stata 14.0 软件中完成。

二、变量定义

本章关键变量主要参考 Tang 等（2011）、许年行等（2012）、Sohn（2012）等的做法，具体衡量如下：

（一）公司战略差异度（SD）的衡量

企业战略差异度（Stradey Devition，SD），是指企业选择的经营战略和同行业常规战略的偏离程度。

在战略管理研究领域，目前对战略差异度的衡量主要有两种方法。第一种衡量方法是 1978 年 Miles 和 Snow 在研究战略时首先提出来的极端战略的衡量方法。按照他们的方法企业战略可以划分为进攻型、防御型和分析型三种战略模式。在后续的研究中，不少学者沿用了这种企业战略的衡量方法，如 Bentley 等（2013）、孙健等（2016）。第二种衡量方法用企业战略偏离行业常规战略模式的偏移程度来衡量战略差异指标。如 Geletkanycz 和 Hambrick（1997）、Tang 等（2011）和叶康涛等（2014，2015）在研究中就运用了这种衡量战略差异指标的方法。本章中的战略差异度指标的衡量参考了第二种方法。原因主要有两个：第一，Geletkanycz 和 Hambrick（1997）的战略差异度指标能对每个企业的战略偏离程度进行准确的衡量。而第一种衡量方法把所有企业战略类型划分为三种，不能捕捉企业战略之间的细微差异，并且同一家企业的战略一般来说在相邻年份较为相似，第一种衡量方法对同一家企业在不同年份的战略的变化很难精确衡量。第二，Geletkanycz 和 Hambrick（1997）的战略差异度指标直接对应着企业由于偏离行业常规战略所面临的风险，而 Miles 和 Snow（1978）则对应着企业具体的经营模式。因此 Geletkanycz 和 Hambrick（1997）指标衡量的方法更适合用于本章所研究的话题。

借鉴 Geletkanycz 和 Hambrick（1997）、Tang 等（2011）、叶康涛等（2014）的研究成果，按照以下过程构建企业战略差异度指标。首先，企业战略主要在企业经营活动中得到体现。具体来说，企业战略资源的分配主要体现在营销、研发、生产及融资四个关键领域。广告和宣传费用代表企业的营销行为，研发投入代表企业的创新能力，企业资本密集度和固定资产更新程度代表企业的生产能力和扩张行为，管理费用占比代表企业的费用支出，财务杠杆则代表企业的资本运营方式（叶康涛等，2014）。可以看出这六个指标从不同的领域体现了企业关键资源的分配，即企业具体战略的布局方式。因此本章利用企业的广告投入（广告费用/营业收入）、企业的研发投入（研发支出/收入）、企业资本密集度（固定资产/雇员人数）、企业固定资产更新速度（固定资产净值/固定资产原值）、期间费用投入占比（管理费用/营业收入）、企业财务杠杆［（短期借款 + 长期借款 + 应付债券）/净资产］六个方面的指标为基础计算企业的战略差异度。分年度分行业对这六个指标进行标准化处理，并取绝对值。然后，将六个指标加总后取算数平均值，得到战略差异指标。通过以上计算获得的战略差异度指标，数值越大，则表示企业与同行业平均战略模式差异越大，其代表的风险也越高。

（二）分析师关注（Analyst）指标的衡量

本章借鉴以往文献（潘越等，2011；许年行等，2012），以每年对企业发布了投资评级和盈余预测的证券分析师数量为基础衡量分析师的关注水平，并以发布预测报告和投资评级的证券公司数量、关注企业的分析师人数的自然对数（许年行等，2012）作为稳健性替代指标进行稳健性检验。

（三）其他控制变量

本章还控制了公司层面会对分析师关注行为产生影响的变量。主要有代表公司规模（Size）的指标，用公司总资产取自然对数的方式计算得到。在一定程度上可以代表公司信息透明度的指标，无形资产占总资产的比重（Itang）。本章还控制了企业的资产收益率（Roa）、企业资产负债率（Lev）、企业市值账面价值比率（Mb）、企业上一年是否超过分析师一致预测（Badnews）（超过取0，未超过取值为1）、企业实际盈余超过分析师一致预期值的大小（Aue）、是否是国企（Soe）、企业上市年数（Age）。最后，为了减少分析师与机构持股利益冲突给分析师关注行为带来的影响，对每家公司的机构持股比例（Holder）进行了控制。

（四）行业年度

为了减轻行业和年度带来的行业和年度固定效应对分析师关注行为的影响，本章对行业和年度进行了控制。鉴于制造行业大类包含众多二级行业，而各个不同二级行业之间存在较大的差异，对制造业行业进行二级行业固定效应的控制。

三、模型构建

为了检验假设H1a和H1b，即企业战略差异度对分析师关注行为影响的方向性问题，依据以往学者的研究成果（白晓宇，2009；王玉涛、王彦超，2012；Hilary and Shen，2013）建立模型（3－1），并加入企业战略差异指标。

$$\text{Analyst} = \beta_0 + \beta_1 \text{SD} + \beta_2 \text{Size} + \beta_3 \text{Itang} + \beta_4 \text{Roa} + \beta_5 \text{Lev} + \beta_6 \text{Mb} + \beta_7 \text{Holder} + \beta_8 \text{Aue} + \beta_9 \text{Badnews} + \beta_{10} \text{Soe} + \beta_{11} \text{Age} + \sum \text{year} + \sum \text{indr} + \varepsilon \tag{3-1}$$

其中，Analyst代表分析师关注度指标，用对上市公司发布了预测报告和评级推荐的分析师人数衡量。SD代表公司战略差异度的指标，用企业偏离行业常规战略的偏离程度衡量。两个指标具体的计算方法参见关键变量衡量，其余的控制变量衡量方法参见表3－1中的变量描述。

第四节　实证分析与结果描述

一、主要变量含义及描述性统计

表3－1中列示了主要变量的含义与描述性统计。从中可以看出关注企业的分析师人数的均值约为9人，最小值为1人，最大值为35人，中位数为7人，

标准差为7.667。分析师人数的均值约是9人，但中位数为7人，这说明分析师关注人数整体右偏，有少数公司关注的分析师人数较多。这说明在我国分析师跟踪的集群效应正在逐步形成。企业战略差异度均值为0.494，中位数为0.419，从均值和中位数的角度分析，企业的战略差异度水平从整体上来看差异并不是很大。而且标准差为0.282，这说明公司战略差异数据整体偏差不大。经过Skewness/Kurtosis检验发现其服从正态分布，揭示企业平均战略差异是行业自发性的、一致性的行为。但是企业战略差异度的最小值是0.142，最大值是1.564，最大值与最小值相差10倍。这说明有少数企业采取了偏离行业平均战略水平较大的战略策略（Porac et al，1989）。样本中企业规模取对数后，均值约为22，中位数为21.956，标准差为1.242，这说明我们上市公司的规模差异不大。最小值为19.827，最大值为25.991，总体来说最大值和最小值的差异也不是很大。这说明我国上市公司的整体规模处在一个相对来说较为接近的水平上。从规模经济的角度来看，这说明我国企业的规模目前较适应我国经济形势的发展。无形资产占比的均值为0.045，即我国企业中无形资产占比平均为4.5%，这说明总体来说无形资产占比水平较低。无形资产是提高企业竞争力的重要资产，整体来说我国无形资产整体水平有待提高。无形资产的中位数为0.036，结合无形资产的均值数据，可以看出数据整体右偏。而且该指标的标准差为0.031，标准差较大。这说明在企业的无形资产占比指标中，数据较为分散，数据整体差异较大。企业的资产收益率均值为5.4%，这说明我们企业的整体资产收益率还有待提高。资产收益率指标的中位数为0.043，标准差为0.035，结合该指标均值的大小，可以看出数据较为分散，而且整体右偏。最小值为负，最大值为0.216，说明我国企业的资产收益水平相差较大，有少数企业的资产收益率水平较高。企业资产负债率均值为0.466，说明我们企业资产负债率整体较为合理，偿债能力较好。企业资产负债率的中位数为0.418，与该指标的均值相差不大。这说明该指标数据从整体上来看分布为较为对称。但是也可以看出该指标的最大值和最小值相差了将近22倍。这说明有少数企业的资产负债率与我国企业平均资产负债率水平相差较大，有待进一步改善。

表 3-1　主要变量含义与描述性统计

变量	变量描述	样本数	均值	中位数	标准差	最小值	最大值
Analyst	跟踪分析师人数	11395	9.127	7.000	7.667	1.000	35.000
SD	企业战略差异度	11395	0.494	0.419	0.282	0.142	1.564
Size	总资产取对数	11395	22.030	21.956	1.242	19.827	25.991
Itang	无形资产占比	11395	0.045	0.036	0.031	0.000	0.190
Roa	资产收益率	11395	0.054	0.043	0.035	-0.084	0.216
Lev	负债率	11395	0.466	0.418	0.217	0.039	0.865
Mb	市账比	11395	2.671	2.083	1.816	0.895	10.196
Holder	机构持股比例	11395	6.591	4.973	6.096	0.147	26.800
Aue	超过分析一致预期的值	11395	-0.271	-0.187	0.367	-1.787	0.489
Badnews	是否超过分析师一致预测	11395	0.038	0.000	0.189	0.000	1.000
Soe	是否是国有控股	11395	0.484	0.000	0.492	0.000	1.000
Age	公司上市年数	11395	10.812	9.000	7.032	1.000	24.000

二、主要变量的相关性分析

表 3-2 是主要变量相关系数与显著性水平矩阵。从中可以看出分析师关注（Analyst）指标和企业战略差异度（SD）指标之间关系为负，并在 5% 的水平上显著。这说明在不考虑其他因素的影响时，企业战略差异度越高，分析师对企业的关注水平越低。初步验证了本章的假设 H1b。企业规模（Size）与分析师关注指标之间的关系为正，并且在 1% 的水平上显著。这说明在不考虑其他因素的影响时，企业的规模越大，分析师关注越高。这和以前的研究成果一致（林小驰等，2007），分析师更偏好于资产规模较大的企业。无形资产指标（Itang）和分析师关注呈负相关，并在 1% 的水平上显著，这说明企业的无形资产占比越高，分析师关注越低。目前企业无形资产占比与分析师关注的关系的研究结论尚不一致，有研究认为企业的无形资产占比越高，分析师关注度越低，如胡军和王甄（2015）在研究中指出无形资产的高低代表企业的信息透明度，无形资产越高，代表企业的信息透明度越低，分析师的关注就会越低；也有研究指出企业无形资产占比越高，分析师的关注越高（Barth et al.，1998）。Barth 等（1998）的研究认为企业的无形资产占比较高时，由于企业的股价很难完全体现企业无形资产的

真实价值，所以分析师会更关注无形资产较高的企业，发现股票定价具有一定偏误的企业，可以从中获取较大的收益。分析师对无形资产较高的企业具有较高的跟踪动机，通过信息挖掘获取信息并进行报告从中获取利益。本章的研究结果和胡军、王甄（2015）的研究结论一致，可能的主要原因是都是基于中国资本市场数据的研究。中国资本市场和发达资本市场还有较大的差距，分析师行业的起步和发展阶段也不相同。所以在中国资本市场中，企业的无形资产越高，分析师的关注水平越低。企业的资产收益率指标（Roa）与分析师关注度指标关系为正，且在1%的水平上显著。这说明在不考虑其他因素的影响时，企业的资产收率越高，分析师的关注度也越高。这与现有研究结论一致（林小驰等，2007）。企业的资产负债率指标（Lev）与分析师关注度为负，且在1%的水平上显著。这说明在不考虑其他因素的影响时，企业的负债率越高，分析师的关注度越低，分析师更喜欢跟踪企业资产负债率较低的企业。可能的原因是企业的资产负债率越高，其还债能力越低，其债务违约风险越大，分析师关注的动机也就越低。这也与现有研究成果结论一致（林小驰等，2007）。企业的市账比（Mb）与分析师关注度指标呈正相关，在1%的水平上显著。机构持股水平（Holder）与分析师关注呈正相关，在1%的水平上显著。这说明机构持股越高，分析师关注度也越高，这与现有的研究结论一致。机构持股作为分析师重要的利益相关者，能够显著地影响分析师的行为（Gu et al.，2009；曹胜、朱红军，2011；吴偎立等，2016）。

表3-2 主要变量相关系数与显著性水平矩阵

变量	Analyst	SD	Size	Itang	Roa	Lev	Mb	Holder
Analyst	1							
SD	-0.003**	1						
Size	0.267***	0.089***	1					
Itang	-0.026***	0.081***	-0.041***	1				
Roa	0.395***	-0.090***	-0.156***	-0.009	1			
Lev	-0.079***	0.090***	0.575***	-0.052***	-0.447***	1		
Mb	0.065***	0.024***	-0.465***	0.021**	0.377***	-0.420***	1	
Holder	0.182***	-0.004	0.052***	-0.011	0.101***	0.070***	0.040***	1

注：***、**和*分别表示在1%、5%和10%水平上显著。

三、多元线性回归及分析

为了验证企业战略差异度对分析师关注行为的具体影响效应，将连续变量去中心化处理后代入模型（3－1）中，多元回归结果如表3－3所示。

表3－3　企业战略差异对分析师关注影响的多元回归结果

	(1) Analyst
SD	−1.743*** (−3.413)
Size	1.657* (1.756)
Itang	5.625*** (3.683)
Roa	8.479*** (3.252)
Lev	−1.678 (−0.802)
Mb	0.324*** (3.787)
Holder	0.114*** (4.527)
Aue	1.359*** (3.390)
Badnews	−0.593** (−2.373)
Soe	−0.117 (−0.371)
Age	−0.401 (−0.982)
常数项	−2.868 (−0.859)

续表

	(1) Analyst
行业年度	已控制
R^2	0.2570
样本量	11395

注：①括号内为 t 值；②***、**和*分别表示在 1%、5%和 10%水平上显著；③表中报告的为稳健 R^2。

在表 3－3 中列示了企业战略差异度对分析师关注行为影响的多元回归结果，从中可以看出解释变量是分析师关注 Ananlyst 时，SD 的系数在 1%水平上显著为负。回归结果说明在控制了其他因素的影响后，企业战略差异度越大，分析师关注越低。实证结果证明了本章假设 H1b。可能的原因是：随着上市公司战略差异度的增加，一方面企业未来收益的不确定性和风险程度加大；另一方面企业的信息不对称程度也随之增加，这都增加了分析师跟踪企业收集和分析信息所需要付出的成本。虽然市场投资者对战略差异度较大企业的信息需求较高，若分析师进行跟踪并发布预测报告和推荐，会有较多的普通投资者的追随，市场会有较大的反应，分析师也能从中获取佣金收入等经济利益流入。但是从本章的实证结果可以看出，分析师并没有对战略差异较大企业提供更多的信息，而是减少了信息供给。这说明在公司战略差异较大时，企业的信息不对称程度增加、分析师对企业的熟悉程度降低，在分析师的关注行为中发挥着更重要的作用。因为这增加了分析师挖掘私有信息的成本，不利于分析师发挥行业经验。因此分析师在进行成本收益的权衡后，最终的行为结果是分析师减少了对战略差异度较大企业的关注。

四、稳健性检验

为了保证本章研究结论的稳健性，在模型建立阶段对模型中变量的共线性问题进行了测试，模型的变量之间不存在严重的共线性问题。在多元回归阶段，对模型中变量的方差膨胀因子进行了检测，多元回归变量的平均膨胀系数均在 2 左右，这说明文中的变量选取较为合理。同时在多元回归阶段，对模型中的连续变量进行去中心化处理。减少由于数据本身带来的变量之间的多重共线性，且在交乘检验时可以使结论的解释更加合理。除了进行上述的检验和处理外，本章还进行了以下的稳健性检验。

（一）改变分析师关注指标的衡量

1. 关注公司的券商数量

根据现有研究成果，分析师关注指标的衡量有多种方法。除了本章采用的用对企业发布了预测报告和股票推荐的分析师人数作为分析师关注指标的衡量方法外，还有不少研究用对企业进行了预测和推荐的券商数衡量分析师关注指标（Yu，2008；李春涛等，2014）。因为这些研究认为一家券商很少会派多名分析师同时关注同一家企业，所以将对企业发布了预测报告和股票投资评级的券商作为分析师关注指标的衡量方法，进行稳健性检验，结果如表 3 - 4 所示。从表中可以看出企业战略差异度对分析师关注行为的影响结果依然稳健。

表 3 - 4　企业战略差异对分析师关注影响的稳健性检验 1

	(1) Instnum
SD	-1.560*** (-3.389)
Size	1.656* (1.846)
Itang	2.888*** (3.167)
Roa	6.073*** (3.413)
Lev	-1.456 (-0.685)
Mb	0.320*** (5.470)
Holder	0.086*** (3.722)
Aue	1.215*** (3.166)
Badnews	-0.679*** (-2.795)

续表

	(1) Instnum
Soe	-0.352 (-1.225)
Age	-0.360 (-0.915)
常数项	-2.672 (-0.836)
行业年度	已控制
R^2	0.2579
样本量	11395

注：①括号内为 t 值；②***、**和*分别表示在 1%、5%和 10%水平上显著；③表中报告的为稳健 R^2。

2. 分析师关注人数的自然对数

用分析师关注人数的自然对数衡量分析师的关注度水平。不少研究用对企业进行了盈余预测和股票评级的分析师人数的自然对数作为分析师关注度指标的衡量方法（潘越等，2011）。取自然对数可以缩小分析师关注人数指标数据之间的离散程度。在表 3-1 中分析师关注人数整体右偏，最大值和最小值之间相差较大。这有可能导致数据具有异方差。取自然对数可以在一定程度上缓解该指标可能具有的异方差和离散程度较高给回归结果带来的后果。用分析师关注人数的自然对数衡量分析师的关注指标的多元回归结果如表 3-5 所示，从表中可以看出结果依然未变。

表 3-5 企业战略差异对分析师关注影响的稳健性检验 2

	(1) In（Analyst+1）
SD	-0.220*** (-4.401)
Size	0.214* (1.858)

续表

	(1) ln (Analyst+1)
Itang	2.390*** (2.714)
Roa	0.960 (1.580)
Lev	-0.136 (-0.360)
Mb	0.049*** (3.221)
Holder	0.009*** (3.814)
Aue	0.157*** (3.488)
Badnews	0.017 (0.379)
Soe	0.008 (0.192)
Age	-0.187*** (-3.710)
常数项	0.246 (0.817)
行业年度	已控制
R^2	0.2317
样本量	11395

注：①括号内为 t 值；②***、**和*分别表示在1%、5%和10%水平上显著；③表中报告的为稳健 R^2。

（二）改变战略差异度指标的衡量方法

1. 改变战略差异指标的数值形式

为了降低计算过程中由于数值偏误和计算偏误带来的战略差异指标在一定范围内的不准确性，参考学者 Sloan（1996）的做法，将连续变量按大小进行分组，转化成离散值形式代替原来连续变量进行回归。所以将战略差异度指标转化成离散数值，分年度分行业按分位数将战略差异指标分成10组，第一组取值1，第二组取值2，以此类推，第十组取值10。新变量用GSD表示，然后进行回归。结果如表3-6所示，从表中可以看出企业战略差异度对分析师关注行为的影响结果依然稳健。

表3-6 企业战略差异对分析师关注影响的稳健性检验3

	(1) Analyst
GSD	-0.107** (-1.995)
Size	1.674* (1.769)
Itang	5.023*** (3.634)
Roa	9.585*** (3.757)
Lev	-1.764 (-0.831)
Mb	0.316*** (3.647)
Holder	0.116*** (4.711)
Aue	1.347*** (3.266)
Badnews	-0.526** (-2.348)
Soe	-0.169 (-0.586)
Age	-0.333 (-0.851)
常数项	-1.302 (-0.436)
行业年度	已控制
R^2	0.2398
样本量	11395

注：①括号内为t值；②***、**和*分别表示在1%、5%和10%水平上显著；③表中报告的为稳健R^2。

2. 剔除数据不完整的基础计算指标

企业战略差异度指标在计算时，其中两个指标的计算需要用到企业的广告费用和研发费用，但是我国上市公司信息披露中广告费用和研发费用数据的披露并不完整。为了保证数据的真实完整性，借鉴以往学者的研究设计（Tang et al.，2011；叶康涛等，2014），剔除六个指标中需要用广告费用和研发费用为基础计算的两个指标，用剩下的四个指标作为战略差异指标（SD4）的计算基础，然后进行多元回归。实证结果如表3-7所示，可以看出结论依然稳健。

表3-7 企业战略差异对分析师关注影响的稳健性检验4

	(1) Analyst
SD4	-1.383*** (-3.811)
Size	1.633* (1.751)
Itang	13.872*** (3.424)
Roa	8.208*** (3.296)
Lev	-1.616 (-0.759)
Mb	0.316*** (3.701)
Holder	0.114*** (4.569)
Aue	1.400*** (3.407)
Badnews	-0.577** (-2.277)
Soe	-0.206 (-0.653)

续表

	(1) Analyst
Age	-0406 (-0.980)
常数项	-2.742 (-0.821)
行业年度	已控制
R^2	0.2409
样本量	11395

注：①括号内为 t 值；②***、**和*分别表示在 1%、5% 和 10% 水平上显著；③表中报告的为稳健 R^2。

（三）减少样本量

鉴于 2008 年、2009 年金融危机会对企业的战略决策、分析师的关注行为产生较大影响，而 2010 年 12 月中国证券业协会颁布《证券公司信息隔离墙制度指引》[①] 会对分析师的行为产生较大的影响，因此剔除 2008～2010 年的样本，只选择 2011 年以后的样本进行相关的回归分析。多元回归结果列示在表 3-8 中，可以看到结果依然保持稳健。

表 3-8 企业战略差异对分析师关注影响的稳健性检验 5

	(1) Analyst
SD	-2.685*** (-7.240)
Size	0.456 (1.119)
Itang	10.509*** (3.126)
Roa	8.513*** (4.987)

① 是指证券公司为控制内幕信息及未公开信息的不当流动和使用而采取的一系列管理措施。

续表

	(1) Analyst
Lev	-0.722 (-0.465)
Mb	0.399*** (7.805)
Holder	0.140*** (4.104)
Aue	2.090*** (8.890)
Badnews	-0.482 (-1.578)
Soe	-0.234 (-0.499)
Age	-0.289 (-0.622)
常数项	9.984*** (4.881)
行业年度	已控制
R^2	0.2554
样本量	7868

注：①括号内为 t 值；②***、**和*分别表示在1%、5%和10%水平上显著；③表中报告的为稳健 R^2。

（四）其他稳健性检验

为了减少变量遗漏、变量计算错误等原因造成的内生性问题的干扰，对模型中的连续变量进行差分处理，然后再代入模型中进行回归分析。在设置差分模型时，在解释变量和控制变量后面添加后缀-D。

将所有连续变量进行标准化处理，即变量减去均值除以标准差，可以减少由于各个变量计量单位不同对回归结果造成的影响（Laksmana and Yang，2009）。将新变量代入模型中重新进行多元回归，变量标准化后，在解释变量和控制变量后面添加后缀-S。实证结果显示企业战略差异度对分析师的关注行为的影响结果未发生变化（见表3-9）。

表 3-9 企业战略差异对分析师关注影响的稳健性检验 6

	(1) Analyst-D	(2) Analyst-S
SD	**-0.821***** (**-5.644**)	**-0.042**** (**-2.017**)
Size	2.708*** (4.759)	0.329*** (5.174)
Itang	-0.017 (-0.323)	-0.087*** (-3.475)
Roa	1.626*** (3.933)	0.041 (0.935)
Lev	-1.129 (-0.458)	-0.117*** (-4.942)
Mb	0.486*** (2.780)	0.165*** (4.370)
Holder	0.923*** (13.179)	0.063*** (5.215)
Aue_price	2.846*** (6.739)	0.107*** (5.725)
Badnews	0.587 (1.028)	0.018 (1.475)
Soe	-1.201*** (-3.666)	-0.004 (-0.084)
Age	0.472* (1.725)	-0.143** (-2.178)
截距	-4.378 (-1.178)	-0.590** (-2.202)
行业年度	已控制	已控制
R^2	0.1826	0.2481
样本量	9954	11395

注：①括号内为 t 值；②***、**和*分别表示在1%、5%和10%水平上显著；③表中报告的为稳健 R^2。

第五节　进一步研究

一、企业战略差异度对分析师关注影响的作用机制研究

企业的战略差异水平显著影响了分析师的关注行为，那么企业战略差异影响分析师行为的作用机制是什么？也就是说企业战略差异是通过影响企业的哪些具体特征而作用于分析师的行为了呢？根据前文的分析，战略差异度较大的企业，会对企业产生三个层面的影响。第一层面是对企业业绩波动性的影响。Tang 等（2011）的研究证明企业越偏离行业常规战略模式，其绩效也会偏离行业平均水平，可能获得极端的收益或者遭受巨额的损失。这在企业层面的主要表现就是企业的业绩波动较大。而且企业战略差异度越大，企业违规的风险也越高（Benlty et al.，2013），也增加了企业业绩的波动性。第二层面是企业的信息不对称程度的增加。企业偏离行业常规战略模式后，按照行业原来的发展趋势和行业制度很难对企业战略模式进行评估。而且目前企业的战略信息尚属于非强制性披露信息，投资者很难获取企业的具体战略选择方向，这就造成了企业和投资者之间信息不对称程度的增加。第三层面是企业战略差异的增加，会增加企业管理层的盈余管理压力（孙健等，2016；叶康涛等，2015）。在前两个层面的分析下，第一层面战略差异造成的企业业绩的不稳定，企业管理层具有平滑利润的需求。而第二层面，企业信息不对称程度的增加，又为企业管理层进行盈余管理提供了条件，所以企业战略差异度越大，企业管理层进行盈余管理的压力也越大。而企业战略差异度的增加，又为企业管理层进行盈余操纵提供了条件。从主观上管理层具有进行盈余操纵的有利条件，而从客观上企业管理层又具有进行盈余操纵的需求。因此企业战略差异较大时，管理层进行盈余管理的可能也较大。这会显著地增加企业的信息不对称程度，提高分析师获取、挖掘和分析企业信息的成本，最终可能会导致分析师降低对战略差异较大企业的关注。下面将从两个方面验证企业战略差异影响分析师关注行为的作用机制。一是企业战略差异是否是因为企业收益波动增加而导致了分析师关注行为的下降，二是企业战略差异是否是因为增

加了企业的信息不对称程度而引起分析师关注行为的降低。

（一）基于企业收益波动的作用机制分析

企业战略选择是影响企业绩效的重要因素。从战略的定义可以看出战略是企业提高核心竞争力的一系列约定和行动，但是战略也具有风险性。战略对企业业绩的影响方向问题一直是战略管理学界研究的重点。但目前，对于企业战略选择与企业绩效之间的关系尚未形成一致的结论。很多研究对企业进入一个新的产品领域或者新的地理地域给出不同的解释，企业可以提高资源利用效率、分散风险、提高市场竞争力等。也有研究认为战略差异化选择具有较差绩效的概率更大。因为企业在目前市场中竞争失败或者公司产品市场需求下降时，才会有选择新的战略决策的动机。

Bentley 等（2013）研究指出企业战略差异度越大，企业的违规风险越大。因为企业战略差异化程度越高，企业进入新的领域对制度的适应就需要越长的过程。另外，为了与差异化战略相匹配，企业需要较多的研发活动，研发具有较大的不确定性。从企业在差异化战略获取资源的角度看，一方面企业在新的领域获取资源的能力会受到一定的限制；另一方面企业采取新的战略需要“重新定位成本”。因为依据战略定位学派，公司在行业中的地位，可以根据公司承诺以及履行的客户价值创造活动进行划分（Porter，1985，1996）。公司目前对资源、活动的配置作为企业的活动系统，如果企业能够在当前的活动系统中提高资源和活动系统的配置效率，那么企业的竞争力就会加强。如果企业进入一个新的战略领域，企业的活动系统就需要重新整合，企业活动系统变化越大，企业的“重新定位成本”就越高。所以企业战略偏离常规战略越大，一旦失败，企业回到原来战略的成本就越高（Menon et al.，2017）。

也可以从企业组织构建在战略差异化下面临的风险角度分析企业战略差异较大时会面临的风险。企业战略差异较大时，采购部门会面临较大的组织风险。企业追求战略多元化会给企业内部带来协调负担，多元化的战略增加了企业规模经济和分配范围经济之间的矛盾，会增加企业采购部门的负担。所需资源的多样性可能降低采购部门的绩效，也给企业组织设计带来困境。企业需要解决采购部门采购复杂性带来的企业整体业绩的下降，设计合理的采购枢纽以及上游顶端制度设计，简化下游采购部门的复杂度，所以研究认为战略差异较大的企业面临着管理、组织设计复杂性的挑战（Zhou et al.，2017）。可以看出企业战略差异对企业各方面的影响具有较大的不确定性，最终对企业业绩的影响方向也不能确定。

综合上述分析可知，企业战略差异对企业绩效的影响方向目前各项研究尚未达成一致。一些研究指出企业差异化战略选择可以提高企业资源利用效率、分散风险、提高企业核心竞争力，也有研究指出企业差异化战略选择不但会增加企业面临新行业制度的风险，而且需要较高的“试错成本”，对企业的组织顶端设计都会产生影响。可以看出企业战略差异对企业业绩具有较为复杂的影响。战略差异偏离行业常规战略的幅度越大，企业未来收益的不确定性越强，可能会取得极端的收益或者损失（Tang et al.，2011），所以战略差异越大，企业未来收益的波动性越强。企业信息环境、信息质量以及未来发展趋势等都是影响分析师信息供给的重要因素。基于此，我们进一步分析公司战略差异影响分析师行为的内在机理，即公司战略是否通过企业收益波动影响分析师的关注行为。通过模型（3-2）、模型（3-3）检验企业战略差异度、收益波动性、分析师关注行为之间的关系。

$$\begin{aligned} Std(ROA) = {} & \beta_0 + \beta_1 SD + \beta_2 Size + \beta_3 Itang + \beta_4 Lev + \beta_5 Mb + \beta_6 Holder + \\ & \beta_7 Aue + \beta_8 Badnews + \beta_9 Soe + \beta_{10} Age + \beta_{11} Lloss + \sum year + \\ & \sum indr + \varepsilon \end{aligned} \tag{3-2}$$

$$\begin{aligned} Analyst = {} & \beta_0 + \beta_1 Std(ROA) + \beta_2 Size + \beta_3 Itang + \beta_4 Lev + \beta_5 Mb + \beta_6 Holder + \\ & \beta_7 Aue + \beta_8 Badnews + \beta_9 Soe + \beta_{10} Age + \sum year + \sum indr + \varepsilon \end{aligned} \tag{3-3}$$

目前研究中常用的衡量企业收益不确定性的指标有三种。第一种是利用上市公司周个股回报与周市场回报率的数据进行回归。用回归残差的标准差代表企业的不确定性（Panousi and Papanikolaou，2012；徐倩，2014；吴锡皓、胡国柳，2015）。第二种是用企业股票在某年交易过程中的最高价与最低价的比值减去1后的值衡量企业的不确定性（刘康兵等，2011；徐倩，2014；吴锡皓、胡国柳，2015）。第三种是以企业资产收益率波动的标准差衡量企业收益不确定性（Bhattacharya et al.，2012）。对于前两种不确定性指标的计算过程进行分析后可以发现，这两种计算方法代表的是市场投资者基于企业各方面信息的市场反应，即投资者基于风险感知、风险判断，最终表现出来的市场行为。但企业真正的风险程度，由于资本市场的不完全有效性，并不能被市场完全感知和捕获，所以前两种计算方法不适合作为体现企业自身不确定性的指标。而第三种计算方法直接依据企业层面财务数据计算，更能有效地反映企业自身层面的不确定性。所以本章选用第三种计算方法来衡量企业收益不确定指标。Std（ROA）用过去五年企业资产收益率波动的标准差来衡量（Bhattacharya et al.，2012）。在模型（3－2）中进一步控制企业上一年度是否有亏损 Lloss 因素对企业盈余波动性的影响。

模型（3－2）、模型（3－3）的多元回归结果如表3－10所示。表3－10中第（1）列是战略差异对企业收益波动性的回归结果。在控制了其他因素的影响后，企业战略差异度 SD 对企业收益波动性 Std（ROA）的回归系数在1%的水平显著为正。这说明企业战略差异越大，企业的收益波动性也越大。表3－10中第（2）列是企业收益波动性对分析师关注度影响的回归结果。在控制了其他影响因素的作用后，分析师关注 Analyst 在1%水平上显著为负。回归结果表明企业收益波动越大，分析师关注越低。进行 Sobel（1982）中介效应检验显著通过，即企业战略差异可以通过企业收益波动这一路径影响分析师的关注行为。结果表明，虽然战略信息披露现阶段属于自愿性非财务信息披露的内容，但是分析师可以通过企业的财务信息验证企业战略信息内涵，并做出相应的行为调整。

表3－10 企业战略差异对分析师关注影响的作用机理检验1

	(1) Std（ROA）	(2) Analyst
SD	0.154*** (3.963)	0.107** (2.017)
Std（ROA）		−0.567** (−2.007)
Size	−0.022* (−1.721)	1.426* (1.733)
Itang	−0.009 (−1.481)	0.167 (0.700)
Lev	−0.192** (−2.028)	−2.014 (−0.850)
Mb	0.069*** (7.536)	0.227* (1.743)

续表

	(1) Std (ROA)	(2) Analyst
Holder	-0.034*** (-6.436)	1.015*** (6.389)
Aue	-0.493*** (-6.549)	1.247*** (2.801)
Badnews	0.743*** (11.843)	-0.580*** (-3.940)
Soe	-0.140*** (-7.908)	-0.058 (-0.211)
Age	0.040*** (7.876)	0.255 (1.422)
Lloss	0.758*** (18.392)	
常数项	0.233** (2.205)	9.264*** (7.473)
行业年度	已控制	已控制
R^2	0.1981	0.2499
样本量	11395	11395
Sobel (1982) Z检验		-3.217***

注：①括号内为t值；②***、**和*分别表示在1%、5%和10%水平上显著；③表中报告的为稳健R^2。

（二）基于企业信息不对称的机制作用分析

大部分研究认为战略差异导致的信息不对称程度的增加，是战略差异对企业及企业利益相关者产生影响的主要作用机制。Carpenter（2000）在研究中指出，战略差异度越高，企业与外部利益相关者之间的信息不对称程度越强。因为若企业选择差异化较大的战略，按照原有行业经验及发展规律很难进行解释。这无疑增加了企业在资本市场上信息不对称的程度。当企业偏离行业常规战略时，一方面会导致企业业绩偏离行业平均水平，另一方面会导致利益相关者难以理解和评估企业经营决策模式。从而不能依据经验或常识对企业的经营活动和绩效做出正确的评判。这意味着当企业战略偏离行业常规时，加剧了企业与外部利益相关者的信息不对称。Tang 等（2011）研究了战略差异对企业绩效的影响，研究发现，企业战略差异越大，企业盈余波动越大，可能获得极端的收益或亏损。这将导致投资者无法对企业的未来业绩进行准确判断，增加了企业信息不对称程度。叶康涛等（2015）研究了企业战略选择对其盈余管理行为的影响。研究中指出由于战略差异导致企业信息不对称程度增加，企业会选择应计项目进行盈余管理。因为与真实盈余管理活动相比，应计项目盈余操纵成本更低且在信息不对称程度较高的情况下被发现的可能性也较低，并以是否是国际“四大”对公司进行的审计作为企业信息不对称程度的衡量指标，发现国际“四大”审计能够提高企业会计信息质量，缓解战略差异对企业应计盈余管理行为的正向影响。孙健等（2016）也对企业战略定位对企业盈余管理的影响进行了研究。研究认为，相对于战略保守的企业，战略较为激进的企业盈余管理程度更高，并认为战略影响盈余管理行为的机制是战略激进的企业的融资需求较大，为了获取所需资金采取了较为激进的盈余管理行为。但我国商业银行不能完全有效地识别企业的盈余操纵行为，企业通过盈余操纵获取了更多的融资。这也说明较为激进的战略导致了信息不对称程度的增加，并显著影响了企业的盈余管理行为以及商业银行的贷款行为。

较高的战略差异度意味着企业与行业常规模式偏离较远。Carpenter（2000）、叶康涛等（2015）的研究均认为，随着企业战略差异度的增加，其信息不对称程度也随之增加。主要的原因是企业偏离行业常规战略模式后，利用原有行业经验及常识将很难对企业的经营决策和未来发展趋势进行判断，这意味着当企业战略偏离行业常规时，导致企业信息不透明度的增加，而企业信息透明度是影响分析师关注的重要因素（白晓宇，2009）。分析师对企业进行跟踪，需要利用较多企业的公开信息。而且在分析师进行预测和股票推荐所需要的大部分数据都来自于企业的公开信息，所以说企业信息环境是影响分析师投入的重要影响因素。企业的信息透明度越高，分析师的关注度也越高。所以依据以上推理，企业战略差异度增加带来企业信息透明度的降低，而企业的信息环境又是影响分析关注的重要因素。根据以上分析，信息路径可能是战略差异影响分析师行为的重要作用机制之一。

在前面战略差异影响分析师关注行为可能的路径分析中，第二条和第三条路径，在实证研究中基本一致。企业的信息不透明度指标可以用企业盈余管理为基础进行构建（Hutton et al.，2009；潘越等，2011）。具体为采用按照 Jones 模型① 估算的企业操控性应计盈余项目，用来计算企业的可操控性总应计利润，用企业前三年可操控性总应计利润的总和作为企业信息不透明度指标的衡量。

基于“企业战略差异度—信息不透明度—分析师关注的信息路径”的验证结果列示在表 3－11 中。表 3－11 中第（1）列是战略差异度（SD）对企业信息不透明度（Opaque）影响的回归结果。在控制了其他因素的影响后，两者在 1% 的水平显著正相关，这说明企业越偏离行业常规战略模式，其信息不透明度越高。表 3－11 中第（2）列是加入信息不透明度指标后的回归结果。在控制了其他因素的影响后，信息不透明度与分析师关注指标分别在 1% 的水平上显著为负，这说明企业信息不透明度越高，分析师关注度越低。进一步进行 Sobel（1982）中介效应检验，显著通过检验。实证结果表明企业战略差异可以通过企业信息不透明度这一信息路径影响分析师关注的行为。

表 3－11 企业战略差异对分析师关注影响的作用机理检验 2

	(1) Opaque	(2) Analyst
SD	0.021 *** (2.883)	0.011 *** (2.679)
Opaque		−0.438 *** (−4.581)
Size	−0.017 ** (−2.221)	1.142 * (1.873)
Itang	0.019 (1.089)	0.071 * (1.700)
Lev	0.097 ** (2.109)	−1.027 * (−1.850)
Mb	0.104 *** (3.102)	0.072 * (1.801)

① $TAcc_{it}/TA_{it-1} = \alpha_0 (1/TA_{it-1}) + \beta_1 (\Delta REV_{it}/TA_{it-1}) + \beta_2 (PPE_{it}/TA_{it-1}) + \varepsilon_{it}$。

续表

	(1) Opaque	(2) Analyst
Holder	0.014*** (4.417)	0.039*** (5.627)
Aue	0.437*** (3.145)	0.256*** (7.005)
Badnews	0.107*** (7.804)	−0.158*** (−2.960)
Soe	0.191*** (4.008)	−0.042 (−0.396)
Age	−0.171*** (−11.006)	0.594 (0.832)
常数项	0.349 (1.335)	4.583*** (2.638)
行业年度	已控制	已控制
R^2	0.1376	0.2552
样本量	10796	10796
Sobel（1982）Z 检验		−2.997***

注：①括号内为 t 值；②***、**和*分别表示在 1%、5%和 10%水平上显著；③控制变量已控制，结果未列示；④表中报告的为稳健 R^2。

二、企业战略差异度与分析师关注关系的治理机制研究

（一）基于高管特征的调节作用

在管理学领域，学者对企业战略和高管团队之间关系进行了持续的研究。大部分研究基于高阶梯队理论（Upper Echelons Theory，UET），研究指出在一定程度上高管团队影响企业的战略选择和企业的核心竞争力。也有学者指出，高管团队的人口特征必须满足企业战略的需求，才能有效执行战略、发挥战略的核心竞争力作用。这就意味着高管团队的特征与企业的战略选择、战略执行息息相关。

在我国资本市场较为成熟后（2005 年以后），高管背景特征开始具有显著的信息含量。高管的学历、年龄都会显著影响企业的股价反应。高管团队作为企业

的核心人力资本，是企业战略执行能否成功的关键因素，会显著影响企业的治理环境和社会资源（黄继承、盛明泉，2013）。年长和年轻高层管理团队在管理经验、适应能力、创新精神等方面存在差异，导致他们在工作中表现出不同的观念和行为（何霞、苏晓华，2012；李志刚、施先旺，2016）。年长的高管由于精力、对新技术和知识的接受能力等认知能力降低，经营企业时更多依靠经验。一般来说年龄较大的高管，偏向采取保守的战略。所以一方面年龄较大的高管会更加谨慎地选择企业的发展战略，另一方面他们拥有更丰富的经验、更广阔的政治资源和更准确的行业发展把握。因此这类企业的经营风险更低（黄继承、盛明泉，2013）。高管团队的教育背景也显著影响企业的绩效。因为较高教育背景的高管团队具有更专业的知识、更完整的行业动态变化理论框架，所以具有较高水平教育背景的高管团队能增加企业绩效，降低企业的经营风险（Hambrick and Mason，1984）。Bantel（1992）经研究发现管理团队平均教育水平越高的企业，其战略行动的范围越广、速度越快，由他们制定的战略决策有利于企业长期发展。高管的性别对企业经营的影响近年来也是学者研究的热点。女性高管已经成为推动经济与社会发展的重要力量（Kelley et al.，2011）。尤其是女性高管所表现出关怀导向的领导风格以及她们突出的风险控制能力，在应对经济危机过程中显示出了无可比拟的优势（史清琪，2010）。研究发现女性高管更加谨慎，女性高管与企业 R&D 投入显著负相关（王清、周泽将，2015），女性高管具有更高的社会责任履行和披露水平（黄荷暑、周泽将，2015）、更高的现金持有水平（周泽将、修宗峰，2015）等。可以看出，企业女性高管在降低企业经营风险中发挥着积极作用。杨静和王重鸣（2013）基于扎根理论研究了女性创业型领导在企业发展中发挥的积极作用。综上所述，企业的高管特征对企业整体经营活动具有全方面的影响。企业高管特征对分析师关注行为也具有一定的影响，Francois 等（2014）发现分析师会跟随企业高管的变动而改变跟踪对象。

高层梯阶理论（UET）认为企业管理者是影响企业发展的核心因素，只有对战略的执行主体——“人”进行深入分析，才能从根源上了解企业战略选择和绩效差异的真正原因（巫景飞、何大军等，2008）。Hambrick（1994）认为，管理层团队特征比 CEO 的特征对组织绩效的解释力更强。企业的高层管理团队（Top Management Team）承担着制定和实施企业战略的使命，对企业绩效和组织发展至关重要。高管年龄、学习以及工作经历、性别等背景特征方面的差异，显著影响其行为选择（姜付秀等，2009）。

高管团队平均年龄较高时，企业发生财务重述行为的概率更低（何威风、刘启亮，2010）；年长的高管更保守，奉行更低风险的战略，回避风险较大的经营策略。年长的高管具有更丰富的行业经验和社会政治资源的积累，而年轻的高管团队更乐意冒险、更激进。因此，高管团队的年龄特征对公司的经营风险具有一定的信号传递作用。当公司选取一定的战略时，若高管团队整体年龄较高，依然能够向市场传递是企业较为慎重的战略选择，而且年龄较大的高管团队具有更丰富的经验和社会资本执行企业的战略。相反，若高管团队整体较为年轻，在选择一定的风险战略时，更多向外界传递激进冒险的信号，选择和执行战略的过程中都具有较大的风险。对于分析师来说，在一定的战略差异水平下，高管团队的年龄会显著影响分析师的关注行为，所以我们估计在相同的战略差异水平下，分析师对高管团队平均年龄较大企业的关注大于平均年龄较小的企业。

以往的学者研究认为，在高管个人特征中学历对企业的战略选择影响最大。高管团队的教育水平对企业具有显著的影响。因为教育水平较高的管理者具有较高的学习能力和专业技术（何韧等，2010）、人际圈层次（巫景飞等，2008）、更易于接受新的技术、有更强的创新意识，对企业整体经济发展动态变化具有更全局性的把握。高管团队的整体教育水平越高，对外界经济形式变化反应速度越快，越能及时选择合适策略回应竞争对手的进攻。另外，教育水平较高的高管团队具有较高的认知能力和较广泛的人际关系网络。在企业选择一定的战略时，教育水平较高的高管团队具有更强的执行效率、更好的风险把控能力。所以，本章认为高管团队的教育水平会对战略差异和分析师关注之间的关系产生影响。根据以上分析我们预计在相同的战略差异水平下，分析师对高管团队平均教育水平较高企业的关注大于平均教育水平较低的企业。

女性和男性相比，更加谨慎、更厌恶风险。而且女性在做决策时过度自信相比男性表现得更低（李焰等，2011）。高管团队中有女性高管，对公司各方面风险的降低具有显著的作用。Barua 等（2010）发现女性 CFO 在做财务决策时更为谨慎，规避风险、公司盈余质量更好、公司债务融资规模较少、并购频率较低（Huang and Kisgen，2013）。女性高管与企业信息披露质量、企业社会责任承担呈显著正相关。所以根据以往学者的研究和女性的本身特质，本章认为在公司战略选择上，有女性的高管团队会更加谨慎，没有充足的把握，不会选择过于冒进的、不适合企业的战略。在选择企业战略时，如果高管团队中有女性高管，企业对战略的认识应该是更加充分，对战略的执行更加精细，对风险的评估更加到位。据此分析，在相同的战略差异水平下，分析师对高管团队中有女性的企业的关注水平大于高管团队中没有女性高管的企业。

在表3－12中，分别在模型（3－1）中加入高管团队年龄、教育水平和性别特征变量以及其与战略差异度指标SD的交乘项。从表3－12的第（1）栏中可以看出，在相同的战略差异度水平下，相对于高管团队平均年龄较低的企业，分析师对高管平均年龄较高的企业关注水平更高，并在1%的水平上显著为正。这说明高管年龄特征具有信号传递作用。年龄较高的高管团队能够对企业战略决策带来的风险和不确定性起到一定的缓解作用，降低分析师跟踪企业的风险和对企业未来绩效的判断。

表3－12　企业战略差异对分析师关注影响的治理机理检验1

	(1) Analyst	(2) Analyst	(3) Analyst
SD	−3.093*** (−4.011)	−1.565*** (−2.599)	−2.723*** (−6.921)
TMTage	−0.929 (−1.136)		
SDTMTage	**3.408***** **(2.845)**		
TMTedu		−0.177 (−1.440)	
SDTMTedu		**0.678***** **(2.234)**	
TMTgenb			4.328* (1.719)
SDTMTgenb			**2.138***** **(2.781)**
Size	2.295*** (12.758)	2.063*** (9.203)	2.072*** (9.415)

续表

	(1) Analyst	(2) Analyst	(3) Analyst
Itang	-0.485*** (-4.172)	-0.473*** (-4.030)	-0.427*** (-4.054)
Roa	6.938 (0.987)	6.937 (0.982)	6.743 (1.030)
Lev	-5.230 (-1.509)	-4.626 (-1.382)	-4.724 (-1.520)
Mb	0.650 (0.926)	0.677 (0.980)	0.685 (1.028)
Holder	0.574*** (5.083)	0.570*** (5.653)	0.541*** (6.182)
Aue	2.262*** (6.455)	2.267*** (6.757)	2.240*** (6.153)
Badnews	0.943 (1.629)	0.853 (1.504)	0.824 (1.425)
Soe	-0.080 (-0.176)	0.062 (0.157)	0.047 (0.118)
Age	0.047 (0.117)	0.013 (0.033)	-0.019 (-0.052)
常数项	2.150* (1.885)	1.923** (1.960)	-0.203 (-0.180)
行业年度	已控制	已控制	已控制
R^2	0.2548	0.2480	0.2519
样本量	11395	11395	11395

注：①括号内为 t 值；②***、**和*分别表示在1%、5%和10%水平上显著；③表中报告的为稳健 R^2。

从表 3-12 的第（2）栏中可以看出，在企业战略差异度水平相同时，相对于高管团队平均学历较低的企业，分析师对高管平均学历高的企业关注更高，且在1%的水平上显著为正。实证结果说明，高管团队学历可以有效调节企业战略差异对分析师关注的影响。高管团队学历越高，分析师越愿意提供信息供给。结果的经济含义可能是：一方面，教育水平较高的高管团队具有较高的认知能力和较高水平的人际关系网络，能够找到适合企业自身发展的运行模式；另一方面，在企业选择一定的战略时，教育水平较高的高管团队具有更强的执行效率、更好的风险把控能力，能够显著降低战略差异带来的风险对分析师行为的影响。

从表3-12的第（3）栏中可以看出，在战略差异水平相同时，相对于高管团队中没有女性高管的企业，分析师对高管团队中有女性高管的企业的关注更高。企业战略差异SD的系数在1%的水平上显著为正，显著调节了企业战略差异与分析师关注之间的关系。背后的经济含义可以是：基于女性本身厌恶风险的特质，在相同的战略差异水平下，高管团队中有女性高管的企业能够向外界传递企业选择的战略是比较慎重的行为结果，企业有把握有效地执行该战略。

（二）基于企业特征的调节作用

1. 按产权性质分组检验

企业产权性质不同，在一定程度上会影响企业的战略选择。非国有企业在我国资本市场发展迅速，但是国有企业占主导地位的经济发展模式并没有实质性的改变。在我国国有企业不但具有一般非国有企业在市场中的经济角色，而且承担国家政策发展要求使命（稳定经济、促进就业等政治职能）。在资本市场中国有企业与非国有企业在很多方面都存在较大的差异。国有企业一方面受到国家政策导向的制约，另一方面获得较多的政府资源的支持和补贴。政府作为国有企业的隐形担保，可以降低国有企业各方面的风险。国有企业更可能发生债务违约风险，但是国有企业性质为企业债务风险提供了隐形担保（陆正飞等，2015）。如方红星等（2013）研究了企业产权性质对债券定价的影响，研究发现国有企业因为有政府作为隐形担保，可以降低债券的违约风险，所以国有企业债券获得较低的信用利差。而且在一定的经济发展趋势下，政府对国有企业的发展也会进行一定的干预。如黎文靖和李茫茫（2017）研究了国企和非国有企业参股非上市金融机构的动因，研究结果显示国有企业参股非上市金融机构符合“政府支持假设”，而非国有企业参股非上市金融机构符合“市场竞争假说”和“融资约束假说”。这说明国有企业的产融结合是政府干预的结果，而不是市场自由竞争和融资约束的结果。在企业面临财务困境时，企业性质不同采取的应对方式和消耗的应对成本都有显著的差异。国有企业一般更倾向于关联交易的非市场化手段，而非国有企业更注重战略和经营策略的调整。国有企业的财务困境所需的应对成本较低，政府干预更多表现为“支持之手”。与国有企业相比，市场对政府对非国有企业的干预反应较为消极（祝继高等，2015）。这说明企业在面临财务困境时，投资者认为政府在不同产权性质的企业中发挥着不一样的作用。企业的产权性质不同，在获取政府补助的能力上也有显著的区别。步丹璐和狄灵瑜（2017）研究了产权性质和政府补助之间的关系，研究发现在国有企业中，股权投资额与政府补助呈正相关，而在民营企业中并不显著。

在企业战略选择方面，国有企业和非国有企业也存在显著差异。一方面国企在差异化战略选择时，需要经过国家相关部门的审核批准，差异化战略选择较为谨慎；另一方面，国企高管的政治晋升需求，使国企高管在战略差异化选择上更加保守，更追求稳健。最后，虽然我国国企改革已经取得一定的成果，但是在国民经济中承担的政治角色并没有发生实质性的变化。国有企业有国家财政作为经济后盾，国有企业具有较强的政治资源优势（雷海民等，2014）。相比非国有上市企业，在发生经济损失时能够继续生存的概率更大。

基于以上分析，预计在相同的条件下，国有企业和非国有企业在采取相同的差异化战略时，分析师关注度的降低在非国有企业样本中更加显著。

本章按企业的产权性质进行分组检验，结果如表 3 – 13 所示。通过表 3 – 13 发现战略差异越大，分析师关注越低的现象，只在非国企样本中得到了保持，而在国企样本中关键变量系数并不显著。对两组样本进行系数差异检验，卡方值和 p 值分别是 2. 374 和 0. 042，系数差异在 5% 水平上显著。这说明较大战略差异带来的不确定性，在非国有企业中体现得更加明显。因为非国有企业的财政、政策支持度以及政治关联相对较低，所以在非国有企业采取加大的差异化战略时，分析师更易于给予较高的风险预期，降低其信息供给。

表 3 – 13 企业战略差异对分析师关注影响的治理机理检验 2

	（1）国企	（2）非国企
	Analyst	Analyst
SD	**–1. 325**	**–2. 127*****
	（**–0. 905**）	（**–3. 088**）

续表

	（1）国企 Analyst	（2）非国企 Analyst
Size	0.387 (0.593)	2.424*** (4.657)
Itang	-1.653*** (-8.083)	-0.051 (-0.219)
Roa	5.121 (1.027)	8.321 (0.602)
Lev	-4.146 (-1.562)	-5.561*** (-3.580)
Mb	1.839*** (4.688)	0.419*** (5.630)
Holder	0.575*** (3.211)	0.484*** (5.203)
Aue_price	2.348*** (3.825)	2.599*** (3.830)
Badnews	2.142*** (3.166)	0.427 (0.328)
Age	-2.555** (-2.013)	-0.854*** (-2.951)
常数项	-12.122*** (-6.174)	-0.495 (-0.182)
行业年度	已控制	已控制
R^2	0.3991	0.2362
样本量	5515	5880

注：①括号内为t值；②***、**和*分别表示在1%、5%和10%水平上显著；③表中报告的为稳健R^2。

2. 按企业上市年龄分组检验

企业年龄一定程度上可以代表企业经营管理经验的积累。早在1983年西方学者Carroll就提出了组织种群生态理论。该理论指出，企业的年龄是影响企业发展的显著因素。在早期基于发达资本市场的数据研究表明，企业的年龄和企业的发展速度呈负相关。这是因为组织适应内外部环境的过程是一个学习的过程，学习的知识逐步转化为企业的经验。因此随着企业年龄的增长，企业也逐步积累了本行业相关的成本与效益经验。行业环境适应能力更强，经历了来自行业内外及企业自身的多次冲击。具有丰厚的经营管理经验，更能把握市场的发展动向。更加熟悉市场的运行规律以及具有更加敏锐的市场需求洞察力，所以企业趋于选择更加稳健的投资计划和战略决策。而与上市年龄较长的企业相比，上市较短的企业除了在经营管理方面缺乏经验，在资金运营、应对市场风险方面能力相对较弱（雷海民等，2014）。

基于以上分析，预计在相同的条件下，上市年龄较长企业和较短企业在采取相同的差异化战略时，分析师关注度的降低在上市年龄较短的样本中更加显著。

按照企业年龄分组检验，结果如表3－14 所示。通过表3－14 可以看出，战略差异越大，分析师关注越低的现象，只在上市年龄较短的企业中得到了保持，而在上市年龄较长的企业样本中这一现象并不显著。对两组样本进行系数差异检验，在1%的水平上通过检验。这说明，上市年龄较短的企业，若选择偏离行业差异较大的战略，具有的风险性更大，分析师根据风险收益原则，选择降低信息供给的动机更强。

表3－14　企业战略差异对分析师关注影响的治理机理检验3

	（1）上市长 Analyst	（2）上市短 Analyst
SD	**－0.497** （**－0.472**）	**－4.397***** （**－4.349**）
Size	0.077 （0.085）	6.995*** （8.458）
Itang	－0.781*** （－4.558）	－0.405* （－1.649）
Roa	－0.681 （－0.087）	18.593 （1.049）
Lev	－4.886*** （－2.672）	－5.715** （－2.329）

续表

	(1) 上市长 Analyst	(2) 上市短 Analyst
Mb	0.717** (2.244)	0.545* (1.659)
Holder	0.844*** (2.676)	0.267 (1.073)
Aue_price	2.080*** (3.001)	2.443*** (4.390)
Badnews	1.253*** (2.798)	0.256 (0.148)
Soe	-0.915** (-1.982)	4.622*** (4.796)
常数项	0.484 (0.405)	15.081*** (9.604)
行业年度	已控制	已控制
R^2	0.3309	0.3170
样本量	3919	5665

注：①括号内为t值；②***、**和*分别表示在1%、5%和10%水平上显著；③表中报告的为稳健R^2。

（三）基于机构持股比例的调节作用

从1990年上海证券交易所成立以来，中国资本市场发展十分迅速。资本市场中机构投资者数量以及持股比例稳步增加。财务分析师队伍也迅速壮大，在资本市场中发挥着极其重要的信息中介作用。但根据现有研究，分析师的行为会显著受到机构持股的影响。一般来说，机构持股比例越高，分析师关注水平越高。机构或者券商重仓持有的股票，分析师关注水平更高（姜波、周铭山，2015）。首先，分析师受机构投资者分仓佣金压力的影响。机构投资者给予分析师所在券商的佣金，在券商整体收入中占较大的比例。如Firth等（2013）研究了共同基金和证券公司之间的商业关系是否影响分析师的股票推荐。研究发现当这只股票被分析师所在券商的客户共同基金所持有时，分析师的推荐显著高于一致预测。窦欢和王会娟（2015）从公司IPO过程是否有私募参与进行研究，发现相比没有私募股权支持的公司，有私募股权投资的公司，分析师会关注更多。进一步研究发现参与上市公司的私募股权投资机构越多，对该上市公司关注的分析师越多。其次，券商为了吸引机构投资者在自己的席位上交易，会对基金重仓持有的股票发布更为乐观的投资评级，而且投资评级的乐观程度与机构投资者给的交易佣金成正比关系（Gu et al.，2013）。从 2003 年开始，《新财富》杂志开始按照一定的标准及程序评选“新财富最佳分析师”，获得“新财富最佳分析师”称号能够为分析师个人和所在券商带来许多资源。但是否能够评选为明星分析师的投票权在机构投资者手中，所以分析师基于声誉和经济利益权衡，会迎合机构投资者偏好，发布有利机构投资者且有利于自身职业发展的预测报告和投资评级（吴偎立等，2016）。最后，很多证券公司对基金公司拥有直接所有权，证券分析师在其中扮演“王婆贩瓜”（曹胜、朱红军，2011）的角色。分析师更有动机对基金公司管理基金中重仓的股票给予更多的信息供给和乐观评价。所以我们将所有样本按照机构持股比例分位数值划分成三组，检验在机构持股比例不同时，战略差异对分析师关注行为影响的变化。

在表 3 – 15 中列示了机构持股比例不同时，企业战略差异度对分析师关注行为的影响差异。第一组机构持股比例最低。第三组机构持股比例最高。第二组介于两者之间。第一组和第二组回归的结果是，第一组在 1% 水平上显著，第二组在 5% 水平上显著，而第三组系数虽然为负，但是回归结果不显著，并且对三组样本进行组间差异检验，均显著通过。这证明了在机构持股比例不同时，企业战略差异对分析师关注行为影响具有显著不同。将三组综合来看，随着机构持股比例的上升，战略差异对分析师关注行为影响的作用逐步降低。这说明机构投资者持股比例对企业战略差异度与分析师关注行为的关系具有显著的调节作用。可能的原因是机构投资者是分析师重要的利益相关者，分析师的行为会随着机构持股比例的增加而发生变化。当机构持股比例较高时，虽然较高的企业战略差异度依然会带来较大的风险和不确定性，但是分析师来自于机构投资者的压力和迎合机构投资者的动机较高，有效地缓解了分析师减少信息供给的行为。随着机构持股比例的减少，分析师来自于机构投资者的压力和动机逐步减弱，企业战略差异度给分析师带来的影响才逐渐体现出来。随着机构持股比例的变化，战略差异度对分析师行为影响的变化，也说明分析师的行为受多方面的影响。分析师最终的行为决策是在权衡各方面利益和成本后进行的选择。

表 3-15 企业战略差异对分析师关注影响的治理机理检验 4

	第一组 Analyst	第二组 Analyst	第三组 Analyst
SD	-0.029 *** (-4.087)	-0.021 ** (-2.551)	-0.014 (-1.015)
Size	0.116 (0.051)	3.883 *** (3.154)	6.031 *** (5.118)
Itang	-10.801 (-0.515)	49.936 ** (2.549)	34.728 ** (2.310)
Roa	10.493 (0.479)	-5.535 (-0.706)	22.209 *** (2.758)
Lev	11.738 *** (3.784)	-6.089 (-1.339)	-10.557 *** (-5.028)
Mb	0.100 (0.369)	0.041 (0.170)	0.815 *** (3.031)
Holder	0.242 * (1.715)	0.556 * (1.683)	0.128 ** (2.182)
Aue_price	-3.284 * (-1.861)	2.783 *** (5.037)	0.187 (0.220)
Badnews	-3.406 *** (-6.407)	-0.495 (-1.107)	-2.547 ** (-1.991)
Soe	3.624 ** (1.969)	-0.596 (-1.508)	-2.234 *** (-2.694)
Age	1.437 (0.837)	-1.079 *** (-3.023)	-1.477 *** (-3.202)
常数项	6.770 (0.749)	3.677 (1.241)	9.241 *** (4.223)
行业年度	已控制	已控制	已控制
R^2	0.4188	0.3707	0.5071
样本量	3858	3802	3735

注：①括号内为 t 值；②***、**和*分别表示在 1%、5% 和 10% 水平上显著；③控制变量、行业年度变量已控制，结果未列示。

三、企业战略差异对分析师关注水平影响的研究——基于分析师个体特征

一般来说，可能会有不同券商的多个分析师同时跟踪一家上市公司。而不同的分析师之间不但学历、工作经验、性别等个体特征存在不同，而且所在券商的资源也会有所差别。这会导致在一定的战略差异水平下，不同个体特征的分析师会有不同的反应。研究企业战略差异对不同分析师之间关注水平的影响，可以从个体层面考察分析师对企业战略差异的不同反应，所以从分析师个体层面进一步分析企业战略差异对分析师关注水平的影响具有重要的意义。

（一）基于分析师学历、工作经验、是否是明星分析师的分组检验

分析师的学历、工作经验以及是否是明星分析师，对分析师的预测绩效都具有显著的影响。一般来说，分析师的学历越高，专业知识越扎实，具有多样化的知识结构和较为深厚的专业知识背景。具有更强的学历能力和理解能力，能够较为迅速地学习和接受信息的知识。面对战略差异较大的企业，可以更快地收集和学习企业行业相关的知识，从而有利于分析师预测绩效的改善。而且分析师的学历越高、视野越开阔，更可能与国际化金融发展趋势接轨，能够动态地学习和掌握行业发展趋势和方向，有利于分析师理解和分析企业战略选择的动因以及经济后果。分析师的学历越高，人际关系越良好。因为较高的学历意味着分析师会具有更多相同学历的校友关系等人际关系，可以获取更多、更优质的人际资源。所以，在相同的战略差异水平下，高学历的分析师具有更好的预测绩效，可能会向投资者提供更多的信息。以分析师的学历高低进行分组，考察在一定的战略差异水平下，分析师个体学历差异对分析师信息供给的影响。具体地，将学历为博士研究生、硕士研究生、MBA、EMBA 定义为高学历，取值为1，其他的学历取值为0。多元回归结果列示在表3－16中。

表3－16　基于分析师个体特征的分组检验1

	低学历	高学历
	Postsum	Postsum
SD	－0.064	0.149***
	(1.331)	(2.747)

续表

	低学历 Postsum	高学历 Postsum
Size	-0.185*** (-2.915)	-0.007 (-0.167)
Itang	-0.355 (-1.429)	0.832** (2.422)
Mve	0.279*** (5.577)	0.324*** (6.433)
Lev	0.565*** (5.878)	0.051 (0.182)
Mb	0.002 (0.179)	0.003 (0.087)
Holder	0.104*** (7.395)	0.103*** (5.016)
Analystnum	0.036*** (19.700)	0.026*** (18.190)
Badnews	-0.068 (-1.625)	-0.243*** (-3.168)
Mid	0.699*** (9.997)	0.706*** (6.626)
Colisted	-0.106* (-1.691)	0.092 (1.025)
Brokersize	0.001 (0.918)	0.004** (2.394)
Firmexp	-0.059 (-1.321)	-0.174*** (-2.668)
常数项	0.010 (1.260)	1.227*** (6.011)
行业年度	已控制	已控制
R^2	0.0861	0.1079
样本量	65474	38970

注：①括号内为t值；②***、**和*分别表示在1%、5%和10%水平上显著；③控制变量、行业年度变量已控制，结果未列示。

表3－16中列示了基于分析师个体学历差异进行的分组检验。其中Postsum为分析师发布的预测报告数量，用企业年报发布后30天内分析师发布的企业盈余预测报告和投资评级数量衡量（同时，用年报发布后60天内分析师发布的盈余预测报告和投资评级数量做稳健性检验，结果未发生变化）。从表中可以看出，随着企业战略差异的增加，高学历的分析师提供了更多的信息供给。而在低学历的分析师组中，随着企业战略差异的增加，分析师的信息供给减少。可能的原因是，高学历的分析师能力更强，更加自信，对战略差异较大的企业更愿意提供较多的信息满足市场投资者的信息需求。通过分组检验也可以看出，在企业战略差异较大时，学历较高的分析师对企业的关注水平更高。

而分析师的行业工作经验不同，对分析师的关注以及预测质量也具有一定的影响。分析师的工作经验较长时，具有更强的信息收集能力和信息敏感度以及更为准确的预测能力。能够更有针对性地收集企业战略偏离相关的信息，具有更好的预测绩效。首先，分析师的工作经验越长，专业知识和实务分析能力越强，能够显著地提高分析师的预测绩效（吴偎立等，2015）。分析师的从业经验越长，预测准确度越高。同样，利用问卷调查的方法，通过对我国证券分析师进行调查的结果发现分析师的工作经验可以促进分析师质量的提升（胡奕明等，2005）。其次，分析师的工作经验越长，对信息的敏感程度也越强，信息的分析和解读能力越高，更可能挖掘到企业深层次的信息，对企业的战略信息的收集和分析可能更加准确。最后，分析师的工作经验越丰富，自信程度越高，在企业战略差异较大时，关注企业的可能性越大，而工作经验较少的分析师，对战略差异较大的企业进行关注的可能相对会较低。所以，预测与工作经验较少的分析师相比，工作经验较长的分析师对战略差异较大的企业的关注水平更高。以同行业同年度分析师工作经验的中位数为标准，将样本数据分为两组，用来验证分析师工作经验对企业战略差异与分析师关注水平关系的影响。回归结果如表3－17所示。

从表3－17中可以看出，在分析师工作经验较少组，随着企业差异的增加，分析师的关注水平降低。而在分析师工作经验较多组，分析师的关注水平随着战略差异的增加而增加。这说明分析师的工作经验的多少，显著地影响了企业战略差异与分析师关注水平的关系。具体来说，与工作经验较少的分析师相比，工作经验较长的分析师对战略差异较大的企业的关注水平更高。可能的原因是，分析师的工作经验越长，预测绩效越好，分析师更愿意提供较多的信息供给。而且工作经验较长的分析师更为自信，更愿意关注战略差异较大的企业。

表 3－17　基于分析师个体特征的分组检验 2

	工作经验少 Postsum	工作经验多 Postsum
SD	－0.393** (－2.354)	0.122* (1.883)
Size	－0.226*** (－4.719)	－0.288** (－1.977)
Itang	－0.204 (－0.494)	－2.133** (－2.573)
Mve	0.482*** (3.510)	0.240*** (5.504)
Lev	－0.615*** (－2.781)	0.230 (1.272)
Mb	－0.058* (－1.692)	0.052*** (3.634)
Holder	0.096*** (3.164)	0.099*** (18.502)
Analystnum	0.025*** (15.305)	0.039*** (18.294)
Badnews	－0.066 (－0.550)	－0.091 (－1.275)
Mid	0.969*** (16.291)	0.746*** (13.026)
Anadegree	－0.062** (－2.184)	0.132 (1.251)
Colisted	0.202*** (2.736)	－0.020 (－0.232)
Brokersize	0.008*** (7.225)	0.001 (0.555)

续表

	工作经验少 Postsum	工作经验多 Postsum
Firmexp	-0.014 (-0.401)	-0.293*** (-6.184)
常数项	-3.183*** (-5.297)	0.908 (1.621)
行业年度	已控制	已控制
R^2	0.1275	0.1157
样本量	70511	33933

注：①括号内为t值；②***、**和*分别表示在1%、5%和10%水平上显著；③控制变量、行业年度变量已控制，结果未列示。

明星分析师评选，对分析师和券商都十分重要，对证券行业的发展也产生了较大的影响。有关分析师是否是明星分析师对分析师预测绩效影响的研究较多。一些研究认为明星分析师的预测绩效更好（Stickel，1995；Xu et al.，2013）。而也有一些研究认为明星分析师的评选并不是以分析师的预测质量为唯一评判标准，所以明星分析师的预测质量并不一定更好（王宇熹等，2012；万丽梅、逯东，2013）。那么在相同的战略差异水平下，明星分析师与非明星分析师对企业的关注水平是否具有显著的差异呢？明星分析师的预测和推荐可以引起更强烈的市场反应，市场对战略差异较大的企业信息需求更高，明星分析师的信息供给可能会为分析师和所在券商带来更多的利益流入。但是，从声誉机制的角度出发，明星分析师的声誉压力更大，若关注战略差异较大的企业降低了分析师的预测绩效，可能会对明星分析师的声誉带来更为严重的影响。所以，在企业战略差异较大时，是否是明星分析师对企业战略差异与分析师关注水平关系的具体影响尚不明确。将样本数据按照是否是明星分析师进行分组，多元回归结果列示在表3-18中。

从表3-18中可以看出，在明星分析师组中，企业战略差异越大，分析师的关注水平越高。而在非明星分析师组中，暂时没有发现企业战略差异对分析师关注影响的证据。对两组进行系数差异检验，t值为2.178。这说明企业战略差异对分析师关注水平的影响在两组中具有显著差异。综合来看，在一定的战略差异水平下，与非明星分析师相比，明星分析师的关注水平更高。可能的原因是，明星分析师权衡各方利益后，对战略差异较大的企业，更愿意提供较多的信息供给。

表 3－18　基于分析师个体特征的分组检验 3

	明星分析师 Postsum	非明星分析师 Postsum
SD	0. 086 * (1. 692)	－0. 039 (－0. 473)
Size	－0. 165 *** (－3. 324)	0. 163 (1. 360)
Itang	0. 035 (0. 148)	1. 170 ** (2. 321)
Mve	0. 274 *** (7. 551)	0. 589 *** (8. 615)
Lev	0. 554 *** (6. 717)	－1. 024 *** (－4. 422)
Mb	0. 007 (0. 622)	－0. 036 (－0. 695)
Holder	0. 111 *** (16. 038)	0. 091 *** (5. 752)
Analystnum	0. 035 *** (17. 878)	0. 018 *** (7. 743)
Badnews	－0. 115 *** (－4. 667)	－0. 179 *** (－2. 688)
Mid	0. 688 *** (10. 471)	0. 808 *** (4. 905)
Anadegree	－0. 279 ** (－2. 216)	0. 001 (1. 251)
Colisted	－0. 111 * (－1. 720)	0. 001 (0. 179)
Brokersize	0. 001 (0. 750)	0. 007 *** (3. 980)

续表

	明星分析师 Postsum	非明星分析师 Postsum
Firmexp	-0.120*** (-3.892)	0.346* (1.864)
常数项	1.652*** (6.492)	4.523*** (4.566)
行业年度	已控制	已控制
R^2	0.0855	0.1487
样本量	19604	84840

注：①括号内为t值；②***、**和*分别表示在1%、5%和10%水平上显著；③控制变量、行业年度变量已控制，结果未列示。

（二）基于分析师所在券商规模、上市与否的分组检验

分析师所在券商的特征也会对分析师的行为产生影响。如券商的规模大小、是否是上市券商等。因为分析师的预测行为和预测质量会受到分析师工作环境的影响，而券商是分析师工作的主要环境。不同的券商，具有不同的信息渠道、不同的管理方式和激励机制等，所以券商的特征不同，分析师的关注和预测质量也会存在显著差异。

券商的规模不同，分析师的预测质量也会存在差异。券商的规模会显著影响分析师信息挖掘、信息分析的能力及深度。因此券商的规模越大，分析师的预测质量越高。具体来说，券商的规模不同，信息渠道也不同。一般来说，首先，券商的规模越大，信息渠道越多，越有利于分析师预测质量的提升。其次，券商的规模越大，资金实力越雄厚，可以为分析师提供更多的资金支持，有利于分析师进行深入的研究和调研活动的开展。再次，券商的规模越大，内部管理制度越完善、规范，也会具有更好的激励制度。有利于分析师开展合理有效的内部竞争，形成良好的工作氛围，调动分析师工作积极性，提高预测绩效。最后，规模较大的券商，客户群体一般为机构投资者，需要更多的长期投资价值信息，会促使分析师更加关注企业真正的投资价值，挖掘更深层次的企业特质信息，减少短期的投机行为。所以可以看出，券商的规模越大，分析师的工作环境越良好，可以获取更多的内外部资源的支撑。所以，预测在相同的战略差异水平下，与规模较小

的券商相比，所属券商规模较大的分析师对企业的关注水平可能更高。基于年度券商规模中位数，将样本分成两组。多元回归结果列示在表 3－19 中。

表 3－19　基于分析师所在券商特征的分组检验 1

	券商规模大 Postsum	券商规模小 Postsum
SD	0. 069 ** (2. 158)	0. 088 (1. 100)
Size	－0. 264 *** (－4. 207)	－0. 121 ** (－2. 451)
Itang	0. 694 *** (2. 976)	－0. 049 (－0. 120)
Mve	0. 179 *** (4. 151)	0. 520 *** (8. 468)
Lev	0. 557 *** (3. 184)	0. 405 *** (6. 249)
Mb	－0. 008 (－0. 616)	0. 006 (0. 363)
Holder	0. 094 *** (10. 256)	0. 118 *** (6. 990)
Analystnum	0. 028 *** (13. 772)	0. 035 *** (13. 293)
Badnews	－0. 076 (－1. 154)	－0. 181 ** (－2. 336)
Mid	0. 570 *** (6. 476)	0. 852 *** (8. 392)
Anadegree	0. 218 ** (2. 329)	0. 119 ** (2. 430)
Colisted	0. 049 (0. 823)	－0. 000 (－0. 005)
Firmexp	－0. 217 *** (－4. 712)	－0. 042 (－0. 833)

续表

	券商规模大 Postsum	券商规模小 Postsum
常数项	0.812 (0.569)	−6.978*** (−5.018)
行业年度	已控制	已控制
R^2	0.0840	0.1113
样本量	54932	49512

注：①括号内为 t 值；②***、**和*分别表示在 1%、5%和 10%水平上显著；③控制变量、行业年度变量已控制，结果未列示。

从表 3－19 中可以看出，券商规模较大的样本中，随着企业战略差异的增加，分析师的关注水平上升。而在券商规模较小的样本中，暂时没有发现企业战略差异影响分析师关注水平的证据。综合来看，在一定的战略差异水平下，与规模较小券商的分析师相比，规模较大券商的分析师关注水平更高。可能的原因是，规模较大的券商，可以为分析师提供更多的资源和支持，分析师更具有信息优势，关注战略差异较大的企业的意愿越强，会对战略差异较大的企业提供更多的信息关注和供给。

同样，券商是否上市也会影响分析师的关注和预测绩效。一般来说上市券商的规模更大，资金更加充足。受上市公司各种制度规范的制约，上市券商的运营更加规范。所以上市券商意味着更多的信息资源、更充足的资金支持以及更完善、规范的内部制度，上市券商的分析师会具有更多的信息优势。按照券商是否是上市券商将样本划分为两组。回归结果如表 3－20 所示。

表 3－20　基于分析师所在券商特征的分组检验 2

	上市 Postsum	未上市 Postsum
SD	0.154* (1.768)	−0.109 (−1.362)
Size	−0.179*** (−2.950)	−0.155*** (−2.582)

续表

	上市 Postsum	未上市 Postsum
Itang	0.666* (1.764)	0.103 (0.438)
Mve	0.257*** (3.283)	0.355*** (14.521)
Lev	0.457** (1.967)	0.468*** (7.276)
Mb	0.053*** (3.100)	-0.026* (-1.821)
Holder	0.145*** (15.123)	0.074*** (7.063)
Analystnum	0.038*** (19.383)	0.032*** (32.070)
Badnews	-0.057 (-1.615)	-0.168*** (-3.804)
Mid	0.723*** (12.941)	0.679*** (7.115)
Anadegree	-0.120 (-0.664)	0.182 (1.360)
Brokersize	0.002 (0.432)	0.005*** (2.813)
Firmexp	0.000 (0.005)	-0.135*** (-3.172)
常数项	-2.162* (-1.867)	-3.009*** (-2.878)
行业年度	已控制	已控制
R^2	0.0899	0.0959
样本量	36353	68091

注：①括号内为t值；②***、**和*分别表示在1%、5%和10%水平上显著；③控制变量、行业年度变量已控制，结果未列示。

从表3-20中可以看出，在上市券商的样本中，企业的战略差异越大，分析师的关注水平越高。而在未上市券商的样本中，企业战略差异与分析师的关注水平为负向关系，但并不显著。这说明在一定的战略差异水平下，与未上市券商的分析师相比，上市券商的分析师对企业的关注水平更高。

本章小结

本章主要分析了企业战略差异度对分析师关注行为的影响。研究发现企业战略差异度越高，分析师关注越低。在进一步研究中，对企业战略差异度影响分析师行为的作用机制进行了检验，研究发现企业战略差异可以通过企业业绩不确定的增加以及信息透明度的降低对分析师关注行为产生影响。在进一步研究中还对战略差异影响分析师行为的企业层面治理机制进行了探讨。研究发现企业高管特征（年龄、学历、性别）可以显著地改善企业战略差异度对分析师关注行为的影响。企业作为战略选择的主体，企业主要特征（企业性质、企业年龄）对两者的关系也有显著的调节作用。另外还对分析师重要利益相关者——机构持股在两者作用中的效应进行了检验，发现机构持股比例能够显著地改变战略差异度对分析师关注行为的影响。最后，利用年度—企业—分析师层面的数据，基于分析师个体特征以及所在券商特征对企业战略差异对分析师关注水平的影响进行了探讨和检验。

企业战略差异度越大，分析师关注越低。研究结果揭示了：虽然在战略差异较大的企业，市场参与主体对其信息需求较高，但是分析师基于风险感知和风险判断，综合权衡各方面利益关系后，行动调整为减少信息供给。可能的原因有：①战略差异较大企业的业绩不确定性和风险更高，增加了分析师关注企业的信息收集成本以及进行预测的难度；而且跟踪这样的企业不利于分析师长期做出一贯的乐观评价和推荐行为。②由于管理层在一定程度上具有选择性披露公司非财务及财务信息的权利，对于战略差异带来的特质风险信息，管理层具有推迟披露，甚至不披露的动机。而这些信息分析师通过自身和所在券商的专业信息渠道也很难获取，增加了分析师预测的难度和成本。③分析师跟踪的投资组合中，一般是相同行业或者具有信息溢价作用的相关公司。一旦公司偏离行业常规战略，会显著降低分析师投资组合中公司信息的溢价功能。

我们还发现企业战略差异度通过公司资产收益波动性影响分析师行为的中介作用机制，说明分析师不但可以从公司的非财务信息了解公司的战略差异，而且可以从公司的财务信息判断公司的战略风险并对风险做出评估、调整自身行为。另一个作用机制是随着企业战略差异度的增加，企业的信息透明度降低。也就是说企业的信息环境受到企业战略差异化程度的影响，进而影响到了分析师的关注行为。

企业高管团队是企业重要的人力资本，也是企业战略选择和执行的主体，能够有效缓解战略差异带来的风险性信号，增加分析师对企业未来收益的信心，促使分析师提供更多的信息供给。企业的产权性、上市年龄在一定程度上可以反映企业战略选择的稳健性、企业风险的承受能力。在相同的战略差异下，企业的产权性质以及上市年龄不同，分析师的关注行为也具有显著的差异。另外，随着机构持股比例的上升，企业战略差异对分析师关注行为的影响发生了显著的变化。这说明机构投资者是影响分析师行为的重要利益相关者。随着机构持股比例不断增加，企业战略差异对分析师关注行为的影响逐步降低。

利用年度—企业—分析师层面的数据研究发现，在企业战略差异较大时，对企业关注水平较高的分析师主要是学历较高、工作经验较为丰富以及明星分析师。基于分析师所在券商特征的研究发现，企业战略差异较大时，对企业进行关注的分析师主要来自于规模较大、上市的券商。

本章的研究对分析师、上市公司、证券监管部门、市场投资者都具有积极的实践性指导作用：①有助于分析师深入理解和把握战略差异的风险性。可以更有效地发挥市场中介作用，引导投资者选择合理投资对象，提高资本市场各要素生产率。②有助于上市公司正确选择合理的战略定位。理解资本市场战略风险信息传递机制及战略风险对分析师行为的影响。建议上市公司提高战略风险信息披露数量和质量，减轻企业信息不对称程度，提高投资者投资信心。③有助于证券监管部门根据我国资本市场战略风险信息传递机制和市场反应，进一步规范公司战略相关风险信息披露政策，并加强监管力度。重点监督公司战略信息披露的及时性、准确性。④有助于投资者理解企业战略差异的风险性和收益性，更理性地选择投资策略。

第四章　企业战略差异对分析师预测质量影响的实证检验

第一节　理论分析与假设提出

分析师预测报告和评级的质量不但对分析师的自身发展具有重要的意义，而且对整个资本市场的健康发展都有着非常重要的作用。分析师预测的质量受到各方面的影响。

首先，分析师的预测质量会受到企业自身特征的影响。方军雄（2007）经研究发现，上市公司信息披露透明度越高，分析师预测准确度也越高。此外，上市公司的信息披露政策也会显著影响分析师盈余预测的准确度和分歧度。主要表现为，上市公司披露政策越公开越透明，则预测准确度越高、分歧度越小。这说明在公司特征影响分析师行为的因素中，上市公司的信息披露水平的高低，对分析师预测质量具有重要的影响（白晓宇，2009）。企业业绩预告类型也会影响分析师的盈余预测质量，主要表现为，相对于定性业绩预告，发布定量业绩预告的公司以及闭区间宽度较小的公司，预测误差和分歧度也较低（王玉涛、王彦超，2012）。Lehavy 等（2011）研究了年报可读性对分析师关注以及分析师预测行为的影响。研究发现如果上市公司的 10 – K 报告可读性较差时，会有更多的分析师关注，即分析师更愿意提供更多的信息补充财务报告可读性的不足。但同时10 – K 报告可读性较差时，分析师预测准确性降低，预测分歧度变大，即分析师预测报告质量下降。Dhaliwal 等（2012）用来自于 31 个国家公司层面的数据，证明非财务信息的披露与分析师预测准确度之间的关系。在研究中用社会责任报告作为非财务信息披露的代理变量。研究发现披露社会责任报告和分析师预测准确度成正相关。赵良玉等（2013）以我国上市公司公开增发、配股、大股东减持事件为研究对象发现，在上市公司需要乐观偏差的预测报告时，提供了满足管理层偏好预测的分析师，在之后的预测质量较高。研究认为分析师在满足管理层偏好后，能够获得更多的私有信息，从而提高了预测质量。而这种现象只在私有信息价值较高的公司里得到了体现。Sohn（2011）研究了企业会计稳健性是否会影响分析师的盈余预测。研究发现会计稳健性会显著影响分析师的盈余预测，在控制了其他影响分析师预测行为的因素后，会计稳健性较低的公司，其盈余的可预测性以及信息的不确定增加，会增加分析师进行盈余预测的成本，导致分析师预测质量降低。同样吴锡皓和胡国柳（2015）基于中国资本市场研究了上市公司不确定性以及稳健性对分析师预测质量的影响。研究发现上市公司不确定性越高，分析师预测质量越低。而"持续稳健性"可以有效地调节两者之间的关系。王雄元和彭旋（2016）从上市公司客户稳定性的角度出发，研究了客户稳定性对分析师预测质量的影响。研究发现客户越稳定，分析师对企业的盈利预测越准确，预测分歧度与偏差度越小。胡军（2016）研究了公司是否开通微博对分析师预测质量的影响。研究发现开通微博后，分析师的平均盈余预测偏差和盈余预测分歧度都显著下降，说明微博信息是分析师进行预测的重要信息源，有助于其更好地了解和分析公司的经营活动。对公司特征影响分析师预测质量的研究成果进行分析后发现，总体来说公司的信息透明度越高、信息环境越好，分析师的预测准确度也越高。

其次，分析师的预测质量会受到相关政策法规的影响。国内的主要研究有：王玉涛等（2010）经研究发现，在会计准则变革以前，国内分析师比海外分析师预测准确度更高。会计准则变革虽然使国外分析师面临的会计准则差异减少或消失，但国内分析师的预测优势仍然存在，只是这种优势的程度显著减少了。这结果意味着，地理邻近性和会计准则差异是影响国内外分析师预测质量的重要因素。李丹等（2016）基于双重差分模型，研究了卖空机制对分析师预测行为的影响。对于融资融券标的公司，引入卖空机制显著提高了分析师盈余预测的准确度。胡凡和夏翊（2017）以我国融资融券制度实验为背景，检验了该制度对分析师短期、长期预测行为的影响。研究发现，相对于不存在卖空限制的股票，分析师对融资融券标的的股票短期预测以及长期预测偏误都显著降低。近些年，由于许多国家自愿或者强制性地采用了国际财务报告准则，所以国外相关的研究较多。

再次，分析师的预测质量也会受到利益相关者的影响。其中最重要的是机构投资者会对分析师预测行为产生重要的影响。蔡庆丰和陈娇（2011）经研究指出机构投资者等诸多利益冲突因素、我国证券研究部粗放式的运营模式、证券分析师频繁的流动以及年轻分析师的声誉忧虑等是导致我国证券分析师复述市场、研究报告信息含量和信息质量不高的主要原因。官峰等（2015）基于定向增发解禁为研究背景研究了机构投资者对分析师预测质量的影响。研究发现解禁对象为机构投资者时，分析师预测准确度更低，并且机构投资者即将解禁的股份占公司总股本的比例越高，分析师预测的准确度越低。这说明机构投资者作为分析师重要的利益相关者，对分析师的预测质量具有显著的影响。王明伟等（2017）研究了投资者关注对分析师预测质量的影响。研究发现，分析师基于声誉角度考虑，投资者关注程度越高，分析师预测偏差和预测乐观度越低。公司 IPO 过程中是否有私募股权投资的支持也能够显著影响分析师的预测质量。有私募支持、有海外背景私募支持以及私募支持的机构越多，分析师的预测也更加准确（窦欢和王会娟，2015）。审计师和媒体关注度也会对分析师的预测质量产生一定的影响。储一昀等（2011）研究了审计任期对分析师预测的影响。研究发现，审计师任期越长，分析师的预测持续性越强。上市公司媒体的关注度水平会显著影响分析师的预测质量。研究发现媒体关注度越高，分析师的盈余预测准确度越高（周开国等，2014；谭松涛等，2015）。

最后，分析师的预测质量与分析师的个人特征也息息相关。Kadan 等（2012）从分析师行业专长的角度出发研究了行业专长对分析师行为的影响。首先研究了分析师行业专长对分析师跨行业能力的影响。其次研究了分析师行业专长对分析师在行业内公司之间选择投资组合的影响。研究发现行业专长会使分析师对投资水平较高、过去盈利能力较强的行业表现出更为乐观的态度。而且基于行业建议的投资组合具有短期和长期显著异常回报。这种回报无法用行业动能解释时，分析师又体现出跨行业专长的能力。同样刘永泽和高嵩（2014，2016）基于中国分析师和上市公司的数据研究了分析师行业专长对分析师预测质量的影响，研究发现分析师行业专长与分析师预测准确性呈显著正相关。Hilary 和 Shen（2013）研究了工作经验对分析师预测行为的影响。研究结果表明，当公司的管理层发布了盈余预测后，关注这家公司时间较长、发布预测报告较多的分析师，其盈余预测准确度较高和盈余预测时效性更及时。这说明分析师行业管理经验对分析师预测行为具有显著的影响。Branley 等（2017）基于分析师的个人工作经历资料，研究了分析师在成为分析师之前的工作经历对分析师行为的影响。研究发现分析师在成为分析师之前相关行业的经验有助于分析预测准确的提高。而且之前具有相关行业经验的分析师的盈余修正能获得市场更强反应且更有可能评选为明星分析师。总体而言，分析师从业之前获得的行业经验，对其成为分析师是具有价值的。这也是机构投资者重视分析师行业经验的重要原因。分析师的预测质量与分析师的行业专长、工作经验都具有一定的相关关系，具体来说，与没有行业专长、工作经验较少的分析师相比，具有行业专长和工作经验更加丰富的分析师的预测质量更高。

在现有研究的基础上，本章首先研究企业战略差异对分析师预测质量的影响，其次研究企业战略差异对分析师预测质量影响的作用机制和治理机制。本章研究分析路径如图 4－1 所示。

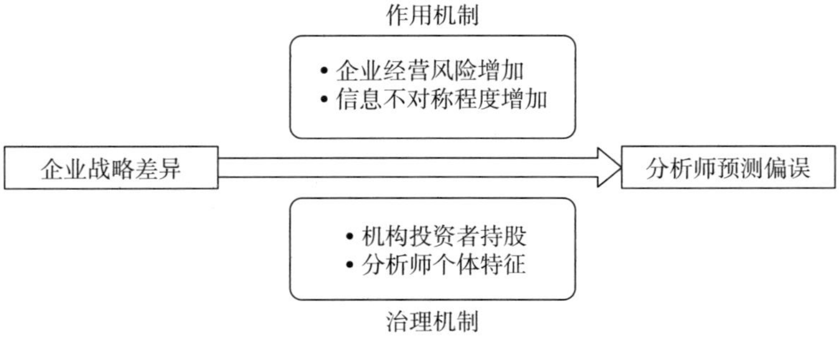

图 4－1　企业战略差异对分析师预测质量影响研究分析路径

企业战略差异度会对分析师的预测质量产生重要的影响。首先，企业战略差异度越高，企业的经营风险越大。这主要体现在企业的战略差异度越高，企业的业绩越不稳定，可能获得极端的收益或亏损（Tang et al.，2011）。也就是说企业盈余的持续性、稳定性较差。而分析师预测主要对企业的未来收益水平进行预测以及对股票持有进行评级，企业盈余的可预测性是影响分析师预测质量的重要影响因素。Das 等（1998）检验了企业盈余可预测性和分析师准确度之间的关系。研究指出盈余可预测性较高的企业，分析师可以利用公开信息进行较为准确的预测。相反，盈余可预测性较差的企业，分析师的预测质量也会下降。石桂峰等（2007）基于中国资本市场数据研究了分析师预测准确度的影响因素。研究指出企业盈余波动性越大，分析师的预测准确度越低。因为上市公司的盈余波动性会增加分析师进行盈余预测的难度，降低分析师盈余预测的准确度。因为企业战略差异度导致的企业盈余波动性增加，可预测性难度加大，会显著降低分析师的预测质量。

其次，根据以往研究，随着企业战略差异度的增加，企业的信息不对称程度会随之增加。Carpenter（2000）在研究中指出，企业与同行业其他企业相比，战略差异度越高，企业的信息不对称程度越强。因为企业的这种非常规战略选择，按照原有行业经验以及发展规律很难理解。叶康涛等（2015）研究了战略差异对企业盈余管理的影响。研究认为，由于战略差异导致企业信息不对称程度增加，企业通过应计项目操控盈余被识别的风险较低，采取真实盈余管理的必要性也随之降低。孙健等（2016）也对企业战略定位对企业盈余管理的影响进行了研究。研究认为，相对于战略保守的企业，战略较为激进的企业盈余管理程度更高，并认为战略影响盈余管理行为的机制是战略激进的企业的融资需求较大。企业由于激进战略导致了融资需求的增加，为了获取所需融资进行一定程度的盈余管理，但商业银行对企业进行资格审核时，不能有效地识别出企业的盈余操纵行为。这也说明较为激进的战略导致了信息不对称程度的增加，并显著影响了企业的盈余管理行为以及商业银行的贷款行为。企业的信息不对称程度的增加，增加了分析师获取信息的成本和进行预测的难度，不利于分析师预测质量的提高。

根据以上分析提出以下假设：

企业战略差异度越高，分析师预测质量越低。

第二节　研究设计

一、样本来源及选择

本章所用数据主要来源于 CSMAR 数据库，选取了 CSMAR 数据库中 A 股上市公司 2008～2017 年的财务数据、分析师预测数据等。共得到公司－年度层面样本 21790 个。剔除 ST/PT、剔除金融行业样本、数据缺失样本，最后得到公司－年度层面的数据共 11395 个。为了避免极值影响，对连续变量进行 1% 的缩尾处理。相关数据处理和回归分析用 Stata 14.0 软件完成。

二、变量定义

（一）分析师预测误差（Ferror）的衡量

分析师的盈余预测误差指标的计算参考 Sohn（2012）的研究，具体计算如下：

$$Ferror = \frac{|MEPS_{it} - AEPS_{it}|}{TA_{it}} \tag{4-1}$$

其中，$MEPS_{it}$是第 i 家公司在第 t 年中，所有分析师盈余预测的中位数；$AEPS_{it}$是第 i 家公司在第 t 年的实际每股盈余。TA_{it}是第 i 家公司在第 t 年的每股总资产。根据计算可知 Ferror 的值越大，代表分析师预测误差越大、分析师预测越不准确，即分析师的预测质量越低。

（二）其他控制变量

本章还控制了公司层面会对分析师预测质量产生影响的变量。主要有代表公司规模（Size）的指标，采取公司总资产取自然对数的方式计算得来。在一定程度上可以代表公司信息透明度的指标无形资产占总资产的比重（Itang）。本章还控制了企业的资产收益率（Roa）、企业资产负债率（Lev）、企业市值账面价值比率（Mb）、企业上一年是否超过分析师一致预测（Badnews）（超过取 0，未超过取值为 1）、公司实际盈余超过分析师一致预期值的大小（Aue）、企业是否是国企（Soe）、公司上市年数（Age）。最后，为了减少分析师与机构持股利益冲突给分析师预测行为带来的影响，对每家公司的机构持股比例（Holder）进行控制。

（三）行业年度的控制

为了减轻行业和年度带来的行业和年度固定效应对分析师行为的影响，本章对行业和年度进行了控制，鉴于制造行业大类包含众多二级行业，而各个不同二级行业之间存在较大的差异，对制造业行业进行二级行业固定效应的控制。

三、模型构建

为检验本章假设，即战略差异对分析师预测报告质量的影响问题（本章重点检验和分析分析师预测报告的预测偏误，对战略差异度对分析师预测分歧度的影响结果只做简单的推理和阐述）。依据以往相关研究（Sohn，2012；吴锡皓、胡国柳，2015），建立模型（4－2），并加入企业战略差异指标。

$$Ferror = \beta_0 + \beta_1 SD + \beta_2 Size + \beta_3 Itang + \beta_4 Roa + \beta_5 Lev + \beta_6 Mb + \beta_7 Holder + \beta_8 Aue + \beta_9 Badnews + \beta_{10} Soe + \beta_{11} Age + \beta_{12} Analyst + \sum year + \sum indr + \varepsilon \quad (4-2)$$

其中，Ferror 代表分析师预测误差指标，用每年每个公司跟踪的所有分析师盈余预测的中位数为基础计算，具体计算方法参见关键变量衡量（第四章第二节）。其余变量如表4－1所示。另外，因为分析师预测误差的大小，与对公司发布了盈余预测的分析师人数有直接的关系，故对分析师人数（Analyst）进行控制。

第三节　实证分析与结果描述

一、主要变量含义及描述性统计

表4－1报告了主要变量含义与描述性统计结果。其中分析师预测误差（Ferror）均值为0.039，中位数为0.017，说明分析师预测偏误整体右偏，有少

表 4 -1　主要变量含义与描述性统计

变量	变量描述	样本数	均值	中位数	标准差	最小值	最大值
Ferror	分析师预测误差	11395	0.039	0.017	0.065	0.000	0.428
SD	企业战略差异度	11395	0.494	0.419	0.282	0.142	1.564
Size	总资产取对数	11395	22.030	21.956	1.242	19.827	25.991
Itang	无形资产占比	11395	0.045	0.036	0.031	0.000	0.190
Roa	资产收益率	11395	0.054	0.043	0.035	-0.084	0.216
Lev	负债率	11395	0.466	0.418	0.217	0.039	0.865
Mb	市账比	11395	2.671	2.083	1.816	0.895	10.196
Holder	机构持股比例	11395	6.591	4.973	6.096	0.147	26.800
Aue	超过分析一致预期的值	11395	-0.271	-0.187	0.367	-1.787	0.489
Badnews	是否超过分析师一致预测	11395	0.038	0.000	0.189	0.000	1.000
Soe	是否是国有控股	11395	0.484	0.000	0.492	0.000	1.000
Age	公司上市年数	11395	10.812	9.000	7.032	1.000	24.000

数分析师发布了预测误差较大的盈余预测。企业的市值账面比指标均值为2.671，说明由于保守主义和企业潜在的发展能力，企业的账面价值低于企业的市值，这与现有的研究结论一致（Sohn，2012）。

二、主要变量的相关性分析

表4 -2 报告了主要变量的相关系数和显著性水平，从中可以看出，企业战略差异度指标（SD）与分析师预测偏误（Ferror）指标呈正相关，并在1%的水平上显著。这说明企业战略差异度越大，分析师预测偏误也越大，这代表分析师的预测越不准确，预测质量越低。另外，分析师预测偏误与企业规模呈显著负相关，这说明企业的规模越大，分析师预测质量越高。企业的资产收益率（Roa）与分析师的预测偏误呈显著负相关，这说明企业的资产收益率越高，分析师的预测质量越好。而分析师的预测偏误与企业的资产负债率（Size）以及市账比（Mb）均呈显著正相关，说明企业的资产负债率、市值账面比越高，分析师的预测质量越低。而机构投资者持股比例（Holder）与分析师预测偏误呈显著正相关，说明机构持股比例越高，分析师的预测偏误越大，预测质量越低，这说明机构持股作为分析师重要的利益相关者，当机构持股比例较高时，分析师的独立性

受到机构投资者的显著影响，分析师发布的预测报告质量显著降低。而分析师预测质量与企业的无形资产（Itang）占比呈负相关，但并不显著。而根据以往研究成果，分析师预测质量和企业的无形资产占比之间的关系具体方向尚未达成一致。本章样本数据在未考虑其他因素的影响时，两者暂时未显现出较强的相关关系。

表 4 –2　主要变量相关系数与显著性水平

	Ferror	SD	Size	Itang	Roa	Lev	Mb	Holder
Ferror	1. 000							
SD	0. 106 ***	1. 000						
Size	–0. 026 ***	0. 089 ***	1. 000					
Itang	–0. 010	0. 081 ***	–0. 041 ***	1. 000				
Roa	–0. 304 ***	–0. 090 ***	–0. 156 ***	–0. 009	1. 000			
Lev	0. 170 ***	0. 090 ***	0. 575 ***	–0. 052 ***	–0. 447 ***	1. 000		
Mb	0. 053 ***	0. 024 ***	–0. 465 ***	0. 021 **	0. 377 ***	–0. 420 ***	1. 000	
Holder	0. 056 ***	–0. 004	0. 052 ***	–0. 011	0. 101 ***	0. 070 ***	0. 040 ***	1. 000

注：*** 、** 和 * 分别表示在 1% 、5% 和 10% 水平上显著。

三、多元线性回归及分析

为检验企业战略差异度对分析师预测质量的影响，将样本中的连续变量去中心化处理后，代入模型（4 –2）中，多元回归结果如表 4 –3 所示。

表 4 –3　企业战略差异对分析师预测质量影响的多元回归结果

	(1) Ferror
SD	0. 012 *** (3. 992)
Size	–0. 005 *** (–7. 667)

续表

	(1) Ferror
Itang	-0.022*** (-2.636)
Roa	-0.175*** (-9.562)
Lev	0.062*** (12.848)
Mb	0.008*** (4.726)
Holder	-0.001*** (-6.068)
Aue_price	-0.071*** (-8.519)
Badnews	0.054*** (9.714)
Soe	-0.003 (-1.620)
Age	0.001*** (7.982)
Analystnum	0.000** (2.154)
常数项	0.046*** (24.003)
行业年度	已控制
R^2	0.3446
样本量	11395

注：①括号内为t值；②***、**和*分别表示在1%、5%和10%水平上显著；③表中报告的为稳健R^2。

在表4-3中列示了企业战略差异度对分析师预测质量影响的多元回归结果。可以看出解释变量是分析师预测偏误（Ferror）时，SD的系数在1%水平显著为正。回归结果说明在控制了其他因素的影响后，企业战略差异度越大，分析师预测偏误越高，即分析师预测质量越低。实证结果证明了本章假设。可能的原因是：随着上市公司战略差异度的增大，一方面，企业未来收益的不确定性和风险程度加大，这增加了分析师进行预测的难度，降低了分析师预测的质量；另一方面，企业的信息不对称程度也随企业战略差异度的增加而增加，这增加了分析师挖掘信息所需要付出的努力和成本。从本章的实证结果中可以看出，在公司战略差异加大时，公司未来的收益不确定性、企业信息不对称程度增加，这都增加了分析师挖掘私有信息的成本，战略偏离行业常规的企业不利于分析师发挥行业经验，也会导致分析师预测质量的下降。

四、稳健性检验

为了保证企业战略差异度对分析师预测质量影响结果的稳健性，在模型建立阶段考察了模型中变量的共线性问题。在多元回归阶段，检测了变量的方差膨胀因子。模型中的变量不存在严重的共线性问题，且平均方差膨胀因子在 2 左右。在多元回归阶段，对模型中的连续变量进行去中心化处理，减少由于数据本身带来的变量之间的多重贡献性以及在交乘检验时可以使结论的解释更加合理。除了进行上述的检验和处理外，还进行了以下稳健性检验。

（一）替换战略差异指标

企业战略差异度指标在计算时，其中两个指标的计算需要用到企业的广告费用和研发费用。但是我国上市公司信息披露中关于本期发生的广告费用和研发费用披露并不完整，为了保证数据的真实完整性，借鉴以往学者的研究设计（Tang et al.，2011；叶康涛等，2014），剔除六个指标中需要用广告费用和研发费用为基础计算的两个指标，用剩下的四个指标作为战略差异指标（SD4）的计算基础。结果如表 4－4 所示，可以看出企业战略差异度对分析师预测质量的影响结果依然稳健。

表 4－4　企业战略差异对分析师预测质量影响的稳健性检验 1

	(1)
	Ferror
SD4	0.010***
	(5.464)

续表

	(1) Ferror
Size	-0.005*** (-7.653)
Itang	-0.012 (-1.341)
Roa	-0.175*** (-9.737)
Lev	0.061*** (13.045)
Mb	0.008*** (24.274)
Holder	-0.001*** (-6.122)
Aue_price	-0.071*** (-8.495)
Badnews	0.054*** (9.827)
Soe	-0.003* (-1.682)
Age	0.001*** (7.790)
Analystnum	0.000** (2.159)
常数项	0.042*** (18.177)
行业年度	已控制
R^2	0.3452
样本量	11395

注：①括号内为 t 值；②***、**和*分别表示在 1%、5%和 10%水平上显著；③表中报告的为稳健 R^2。

为了降低计算过程中由于数值偏误和计算偏误带来的战略差异指标在一定范

围内的不准确性，参考学者 Sloan（1996）的做法，将连续变量按大小进行分组，转化成离散值形式代替原来连续变量进行回归。所以稳健性检验 2 将战略差异指标转化成离散数值，分年度分行业按分位数将战略差异指标分成 10 组，第一组取值 1，第二组取值 2，以此类推，第十组取值 10。新变量用 GSD 表示，然后进行回归。结果如表 4－5 所示，从表中可以看出企业战略差异度对分析师预测质量的影响结果依然稳健。

表 4－5　企业战略差异对分析师预测质量影响的稳健性检验 2

	(1) Ferror
GSD	0.001* (1.922)
Size	−0.005*** (−7.619)
Itang	−0.018** (−2.117)
Roa	−0.179*** (−9.408)
Lev	0.062*** (13.022)
Mb	0.008*** (24.717)
Holder	−0.001*** (−6.009)
Aue_price	−0.071*** (−8607)
Badnews	0.054*** (9.792)
Soe	−0.003* (−1.729)
Age	0.001*** (8.204)

续表

	(1) Ferror
Analystnum	0.001 ** (2.090)
常数项	0.044 *** (15345)
行业年度	已控制
R^2	0.3431
样本量	11395

注：①括号内为 t 值；②***、**和*分别表示在 1%、5%和 10%水平上显著；③表中报告的为稳健 R^2。

（二）改变样本期间

鉴于 2008 年、2009 年金融危机会对企业的战略决策、分析师预测行为产生较大影响，并且 2010 年 12 月中国证券业协会颁布《证券公司信息隔离墙制度指引》也会对分析师的行为产生较大影响。因此选择 2011 年以后的样本进行相关的回归分析，结果列示在表 4－6 中，可以看到结果依然保持稳健。

表 4－6　企业战略差异对分析师预测质量影响的稳健性检验 3

	(1) Ferror
SD	0.012 *** (2.737)
Size	-0.006 *** (-13.844)
Itang	-0.016 *** (-3.500)
Roa	-0.187 *** (-9.285)
Lev	0.068 *** (11.337)

续表

	(1) Ferror
Mb	0.008*** (9.561)
Holder	-0.001*** (-4.347)
Aue_price	-0.067*** (-8.377)
Badnews	0.052*** (8.663)
Soe	-0.001 (-1.340)
Age	0.001*** (10.699)
Analystnum	0.001* (1.788)
常数项	0.050*** (10.870)
行业年度	已控制
R^2	0.3447
样本量	7868

注：①括号内为 t 值；②***、**和*分别表示在 1%、5%和 10%水平上显著；③表中报告的为稳健 R^2。

（三）其他稳健性检验

考虑当年财务信息以及非财务信息对分析师的共同影响，减少共同因素对分析师行为和企业战略差异的影响。对分析师预测偏误指标进行滞后一期处理，验证企业战略差异对滞后一期分析师预测质量的影响，结果依然不变。将预测误差替换成分析师预测准确度，即 $|MEPS\_{it} - AEPS\_{it}|/AEPS\_{it}$，假设依然成立。由于篇幅有限，结果未列示。

第四节 进一步研究

一、企业战略差异度对分析师预测质量影响的作用机制研究

根据前文的逻辑推理，企业战略差异度对分析师预测质量产生影响，可能的原因有两个：一是企业战略差异度导致的企业经营风险加大，主要体现在企业的盈余波动增加对分析师预测质量的影响；二是企业战略差异度增加导致企业的信息不对称程度增加，从而导致分析师预测质量的下降。那么，企业战略差异度对分析师预测质量影响的路径是否是通过上面两条路径产生的，有待于进一步进行分析和验证。

（一）基于收益波动的机制检验

战略差异偏离行业常规战略的幅度越大，企业未来收益的不确定性越强，可能取得极端的收益或者损失（Tang et al.，2011），因此战略差异越大，企业未来收益的波动性越强。而企业收益的可持续性是影响分析师预测质量的重要影响因素。胡奕明等（2003）研究指出，虽然我国分析师职业发展取得了较大的进步，分析师的能力也获得了较大的提高，但是与发达资本市场的分析师相比，我国分析师的信息解读能力还有待进一步提升。石桂峰等（2007）经研究认为企业历史盈余的波动是衡量企业盈余可预测性的重要指标，公司历史盈余波动性越强，说明企业盈余可持续性越差、未来盈余的不确定性也越强。分析师进行预测的难度就会越大，最终导致分析师的预测质量也会较差。基于此，我们进一步分析公司战略差异度影响分析师预测质量的内在机理，即企业战略度是否通过企业收益波动影响分析师的预测行为。通过模型（4－3）、模型（4－4）检验企业战略差异度、企业收益波动性与分析师预测偏误之间的关系。

$$Std(ROA) = \beta_0 + \beta_1 SD + \beta_2 Size + \beta_3 Itang + \beta_4 Lev + \beta_5 Mb + \beta_6 Holder + \beta_7 Aue + \beta_8 Badnews + \beta_9 Soe + \beta_{10} Age + + \beta_{11} Lloss + \sum year + \sum indr + \varepsilon \quad (4-3)$$

$$Ferror = \beta_0 + \beta_1 Std(ROA) + \beta_2 Size + \beta_3 Itang + \beta_4 Lev + \beta_5 Mb + \beta_6 Holder + \beta_7 Aue + \beta_8 Badnews + \beta_9 Soe + \beta_{10} Age + \beta_{11} Analyst + \sum year + \sum indr + \varepsilon \quad (4-4)$$

延续本书第三章的研究，采用企业资产收益率波动的标准差，衡量企业收益的不确定性（Bhattacharya et al.，2012；Mark E. Evans，2016）。因为这种衡量方法直接依据企业层面财务数据计算，更能有效地反映企业自身层面的不确定性。Std（ROA）用企业过去五年的资产收益率波动的标准差来衡量（Bhattacharya et al.，2012；Mark E. Evans，2016）。在模型（4-3）中进一步控制企业上一年度是否有亏损 Lloss 因素对企业盈余波动性的影响。

企业战略差异度是否通过企业收益波动影响分析师预测质量的作用机制检验结果列示在表4-7中。表4-7中第（1）列是企业战略差异度对企业收益波动性影响的多元回归结果。结果显示在控制了其他因素的影响后，企业战略差异度（SD）对企业收益波动性［Std（ROA）］的回归系数在1%的水平上显著为正。这说明公司战略差异度越大，公司的收益波动性越强。这与 Tang 等（2011）研究结论一致。表4-7中第（2）列是企业收益波动性对分析师预测质量影响的多元回归结果。结果显示在控制了其他因素的作用后，企业收益波动性［Std（ROA）］与分析师预测质量（Ferror）正向相关，且在10%的水平上显著。回归结果表明，公司收益波动越大，分析师预测偏误越大，即分析师预测质量越低。进一步进行 Sobel（1982）中介效应检验，显著通过，即企业战略差异度可以通过企业盈余波动这一路径影响分析师的预测质量。这说明，企业战略差异度带来的企业收益不确定性的增强显著降低了分析师的预测质量。

表4-7　企业战略差异对分析师预测质量影响的作用机制检验

	(1) Std（ROA）	(2) Ferror
SD	0.154*** (3.963)	0.129*** (3.461)
Std（ROA）		**0.017**** **(1.977)**

续表

	(1) Std (ROA)	(2) Ferror
Size	-0.022* (-1.721)	-0.068** (-2.509)
Itang	-0.009 (-1.481)	0.009*** (2.589)
Lev	-0.192** (-2.028)	-0.427*** (-3.074)
Mb	0.069*** (7.536)	0.287** (2.486)
Holder	-0.034*** (-6.436)	0.012*** (5.089)
Aue_price	-0.493*** (-6.549)	-0.011*** (-4.194)
Badnews	0.743*** (11.843)	-0.147*** (-3.909)
Soe	-0.140*** (-7.908)	-0.007 (-0.159)
Age	0.040*** (7.876)	0.025*** (3.916)
Lloss	0.758*** (18.392)	
Analyst		0.003*** (4.956)
常数项	0.233** (2.127)	0.301*** (2.889)
行业年度	已控制	已控制
R^2	0.1981	0.2817
样本量	11395	11395
Sobel (1982) Z 检验		**1.962****

注：①括号内为 t 值；②***、**和*分别表示在 1%、5%和 10%水平上显著；③表中报告的为稳健 R^2。

（二）基于信息不对称的机制检验

企业战略差异度越大，企业的信息不对称程度越高，而企业的信息透明度是影响分析师预测质量的重要影响因素。对以往研究成果进行总结发现，企业战略差异度导致的企业信息不对称程度的增加是战略差异影响企业行为的重要原因。如 Carpenter（2000）、Tang 等（2011）、叶康涛等（2015）、孙健等（2016）在研究企业战略差异的经济后果时，均认为战略差异产生的信息不对称程度的增加，是战略差异对企业及企业利益相关者产生影响的主要作用机制。

而企业信息不对称程度是影响分析师预测质量的重要影响因素（白晓宇，2009）。分析师对企业进行跟踪，需要利用较多企业的公开信息。分析师进行预测和股票推荐所需要的大部分数据都来自于企业的公开信息，所以说企业信息环境是影响分析师投入的重要影响因素。企业的信息透明度越高，分析师的预测质量也越高。所以依据以上推理，企业战略差异度增加带来了企业信息透明度的降低，而企业的信息环境又是影响分析师预测质量的重要因素。根据以上分析，信息路径可能是企业战略差异度影响分析师预测质量的重要作用机制之一。

企业的信息不透明度指标可以用企业盈余管理为基础进行构建（Hutton et al.，2009；潘越等，2011）。具体为采用按照 Jones 模型估算的企业操控性应计盈余项目，用来计算企业的可操控性总应计利润，用企业前三年可操控性总应计利润的总和作为企业信息不透明度指标的衡量。

基于“战略差异—信息不透明度—分析师预测质量”的信息路径验证结果列示在表 4 – 8 中。表 4 – 8 中第（1）列是战略差异（SD）对企业信息不透明度（Opaque）影响的回归结果。在控制了其他因素的影响后，两者在 1% 的水平上显著正相关。这说明企业越偏离行业常规战略模式，其信息不透明度越高。表 4 – 8 中第（2）列是加入信息不透明度指标后的回归结果。在控制了其他因素的影响后，信息不透明度与分析师预测偏误指标在 1% 的水平上显著为正。这说明企业信息不透明度越高，分析师预测偏误越大，即分析师的预测质量越低。进一步进行 Sobel（1982）中介效应检验，显著通过检验。实证结果表明企业战略差异度可以通过企业信息不透明度这一信息路径影响分析师的预测质量。

表 4-8 企业战略差异对分析师预测偏误影响的作用机理检验

	(1) Opaque	(2) Ferror
SD	0.021*** (2.883)	
Opaque		0.372*** (3.174)
Size	-0.017** (-2.221)	-0.015** (-2.499)
Itang	0.019 (1.089)	0.011*** (5.507)
Lev	0.097** (2.109)	0.809*** (6.074)
Mb	0.104*** (3.102)	-0.531** (-2.389)
Holder	0.014*** (4.417)	0.051*** (4.992)
Aue_price	0.437*** (3.145)	-0.016*** (-5.194)
Badnews	0.107*** (7.804)	-0.754*** (-3.831)
Soe	0.191*** (4.008)	-0.063 (-0.943)
Age	-0.171*** (-11.006)	0.083*** (6.986)
常数项	0.349 (1.335)	2.147*** (4.537)
行业年度	已控制	已控制
R^2	0.1376	0.1968
样本量	10796	10796
Sobel（1982）Z 检验		3.104***

注：①括号内为 t 值；②***、**和*分别表示在 1%、5%和 10%水平上显著；③表中报告的为稳健 R^2。

二、企业战略差异度与分析师预测质量关系的治理机制研究

（一）基于机构投资者的治理机制检验

机构投资者作为分析师重要的利益相关者，对分析师的预测质量具有显著的影响。以往研究表明，机构投资者持股比例越高，分析师迎合机构投资者的倾向就越明显，发布的盈余预测质量越低。在企业战略差异度对分析师预测质量影响的关系中，分析师的预测质量会不会因为机构持股比例不同而发生变化有待进一步验证。将样本按照机构持股比例分位数分成三组，第一组机构持股比例最低，第三组机构持股比例最高。对企业战略差异度对分析师预测质量影响的横截面差异进行分析。表 4 -9 报告了机构持股比例对企业战略差异度与分析师预测质量关系影响的横截面实证结果。从表中可以看出，随着机构持股比例的变化，企业战略差异度对分析师预测质量的影响具有显著的差异。在机构持股比例最低组，两者的关系为正且在 10% 的水平上显著。在机构持股比例较高的两组，两者的关系都在 1% 的水平上显著。对三组样本进行组间差异检验，均显著通过。这说明机构投资者作为分析师重要的利益相关者，会显著地调节企业战略差异对分析师预测质量的影响。具体来说，机构投资者作为分析师重要的利益相关者，当机构投资者持股比例增加时，分析师为了迎合机构投资者的利益，发布的盈余预测报告准确度降低。

表 4 -9　企业战略差异对分析师预测质量影响的治理机制检验 1

	(1) Ferror	(2) Ferror	(3) Ferror
SD	0.008 * (1.717)	0.011 *** (2.877)	0.015 *** (3.338)
Size	-0.005 *** (-4.112)	-0.006 *** (-10.348)	-0.005 *** (-4.333)
Itang	-0.057 *** (-3.028)	0.010 (0.615)	-0.017 ** (-2.543)
Roa	-0.201 *** (-8.600)	-0.169 *** (-6.869)	-0.150 *** (-3.875)

续表

	(1) Ferror	(2) Ferror	(3) Ferror
Lev	0.060*** (6.332)	0.058*** (5.845)	0.069*** (6.735)
Mb	0.008*** (9.597)	0.007*** (9.943)	0.009*** (13.911)
Holder	-0.001*** (-5.308)	-0.000 (-1.616)	-0.003*** (-3.623)
Aue_price	-0.064*** (-8.280)	-0.064*** (-6.261)	-0.084*** (-8.874)
Badnews	0.061*** (11.358)	0.057*** (3.807)	0.044*** (10.914)
Soe	-0.005 (-1.447)	-0.004*** (-3.099)	-0.001 (-0.598)
Age	0.001*** (5.711)	0001*** (7.337)	0.001*** (4.940)
Analystnum	0.001 (0.519)	0.001 (0.651)	0.001*** (5.385)
常数项	0.034*** (7.162)	0.039*** (6.913)	0.056*** (9.075)
行业年度	已控制	已控制	已控制
R^2	0.3449	0.3302	0.3761
样本量	3858	3802	3735

注：①括号内为t值；②***、**和*分别表示在1%、5%和10%水平上显著；③表中报告的为稳健 R^2。

（二）基于分析师特征的治理机制检验

1. 基于分析师工作经验的治理机制分析和检验

分析师预测质量除了受到企业的信息环境、企业特征等因素的影响外，分析师的个人特征以及所在的券商大小也对分析师的预测质量具有显著影响。以往研究表明，分析师之间的预测质量和绩效存在显著的差异。其中分析师的工作经验、行业专长、是否是明星等都会导致分析师具有不同的业绩表现。分析师的从业经验是分析师专业能力和知识的体现，较多的从业经验有助于分析师预测质量的提升。Clement（1999）研究了分析师工作经验与分析师预测准确之间的关系，研究发现分析师工作经验越多，预测准确度越高。从业经验较多的分析师，可以更有针对性地进行信息的收集和挖掘，对公司的公共信息也更加敏感。具备更强的信息处理和解读能力，对企业业绩预测也就更加准确。而经验较少的分析师，基于声誉和绩效的考虑，更愿意使用企业公布的公共信息，降低预测时私有信息的使用比重。预测更加保守，更倾向于追随其他分析师的预测。那么在企业战略差异度与分析师预测质量的关系中，分析师的工作经验是否能够缓解企业战略差异度上升导致的分析师预测质量下降的经济后果呢？按照分析师的工作经验进行分组（具体为按照分析师工作经验分位数进行分组），表 4-10 报告了按照分析师工作经验进行分组检验的结果，表中第（1）列为分析师工作经验较少组的多元回归结果，第（2）列为分析师工作经验较多组的多元回归结果。通过该表可以看出，在分析师工作经验较少组，分析师预测偏误 Ferror 在 1% 的水平上显著，系数为 0.013，而在分析师工作经验较多组，Ferror 在 5% 的水平上显著，系数为 0.011。对两组进行组间差异 T 检验和 Wilcoxon 检验，均显著通过组间差异检验（T 检验 t 值为 5.334，Wilcoxon 秩和检验 Z 值为 6.388）。这说明分析师的工作经验的多少，能够显著地影响战略差异度对分析师预测质量的影响。具体来说，与工作经验较少的分析师相比，工作经验较多的分析师的预测业绩受企业战略差异度的影响较小。

表 4-10 企业战略差异对分析师预测质量影响的治理机制检验 2

	（1）工作经验少 Ferror	（2）工作经验多 Ferror
SD	0.013*** (4.114)	0.011** (2.163)
Size	-0.005*** (-6.968)	-0.007*** (-7.438)
Itang	-0.028** (-2.304)	-0.012 (-0.549)

续表

	(1) 工作经验少 Ferror	(2) 工作经验多 Ferror
Roa	-0.202*** (-6.853)	-0.116*** (-5.346)
Lev	0.059*** (8.289)	0.072*** (13.548)
Mb	0.008*** (21.426)	0.008*** (12.445)
Holder	-0.001*** (-6.002)	-0.001*** (-5.285)
Aue_price	-0.067*** (-8.634)	-0.075*** (-8.144)
Badnews	0.037*** (4.230)	0.083*** (22.021)
Soe	-0.003 (-1.004)	-0.005*** (-3.175)
Age	0.001*** (5.652)	0.001*** (6.626)
Analystnum	0.001** (2.495)	-0.001 (-0.924)
常数项	0.044*** (19.467)	0.052*** (6.779)
行业年度	已控制	已控制
R^2	0.3141	0.4235
样本量	70511	33933

注：①括号内为t值；②***、**和*分别表示在1%、5%和10%水平上显著；③表中报告的为稳健 R^2。

2. 基于券商规模的治理机制分析和检验

分析师所在的券商是分析师主要的工作环境，对分析师信息处理能力的提升具有显著影响。分析师所在券商规模越大，分析师预测的准确度越高（Jacob et al.，1999）。首先，分析师所在券商为分析师的工作提供平台、资金支持。券商规模越大，分析师可获得的资源和资金支持越充足，分析师可以开展更多的实地调研，获取更多的私有信息，提升预测质量。其次，分析师所在券商的规模越大，券商提供的信息渠道越多、管理越规范，分析师越注重对信息的深入关注、分析能力提升越快，会有更好的盈余预测表现（胡奕明等，2005）。最后，较大的券商一般具有更完善的内部激励制度，可以更好地调动分析师参与竞争的积极性，并提供公平的竞争环境和良好的竞争氛围，提高分析师深入挖掘信息以便提升预测业绩的需求。所以说较大的券商具有更多的优势，可以保证分析师具有较好的预测业绩。那么在战略差异较大时，与所在券商规模较小的分析师相比，较大券商的分析师是否具有更好的预测业绩呢？表4－11 报告了按照分析师所在券商规模进行分组检验［具体为按照分析师是否属于前十大券商进行分组（蔡庆丰等，2011）］的结果。表中第（1）列为分析师所在券商规模较小组的多元回归结果，第（2）列为分析师所在券商规模较大组的多元回归结果。通过该表可以看出，在券商规模较小组分析师预测偏误 Ferror 系数为 0.014 并在 1% 的水平上显著。而在券商规模较大组，Ferror 系数为 0.009 并在 10% 的水平上显著。对两组进行组间差异 T 检验和 Wilcoxon 检验，均显著通过组间差异检验（T 检验 t 值为 1.799，Wilcoxon 秩和检验 Z 值为 2.261）。这说明分析师所在券商的大小能够显著影响企业战略差异度与分析师预测质量的关系。具体来说，在相同的战略差异下，与所在券商规模较小的分析师的预测相比，隶属于较大规模券商的分析师预测质量更好。

表4－11 企业战略差异对分析师预测质量影响的治理机制检验3

	（1）券商规模小	（2）券商规模大
	Ferror	Ferror
SD	0.014***	0.009*
	(3.691)	(1.728)
Size	−0.006***	−0.004***
	(−6.207)	(−3.911)
Itang	−0.001	−0.039***
	(−0.026)	(−2.849)
Roa	−0.184***	−0.177***
	(−5.922)	(−11.748)

续表

	（1）券商规模小 Ferror	（2）券商规模大 Ferror
Lev	0.066*** (11.190)	0.057*** (26.398)
Mb	0.007*** (15.968)	0.008*** (13.376)
Holder	-0.000*** (-4.518)	-0.001*** (-4.465)
Aue_price	-0.070*** (-8.746)	-0.072*** (-8.425)
Badnews	0.058*** (9.495)	0.054*** (6.567)
Soe	-0.002 (-0.536)	-0.006*** (-3.645)
Age	0.001*** (6.507)	0.001*** (12.484)
Analystnum	0.001*** (3.748)	-0.001 (-1.158)
常数项	0.043*** (11.238)	0.045*** (14.473)
行业年度	已控制	已控制
R^2	0.3117	0.3519
样本量	49512	54932

注：①括号内为t值；②***、**和*分别表示在1%、5%和10%水平上显著；③表中报告的为稳健 R^2。

第五节　企业战略差异度对分析师预测分歧度的影响

分析师预测分歧度是指关注企业的所有分析师预测的每股收益的离散程度。预测分歧度作为分析师预测质量的重要特征，也受到了实务界和学术界的关注，其影响因素较多。从分析师进行预测所需的信息来源来说，主要有公共信息和私有信息。当企业披露较多的公共信息时，企业的信息透明度较高，信息不对称程度降低，分析师进行预测时使用的私有信息减少，分析师之间的预测更趋于一致，分歧度就会越低。相反，企业披露的公共信息较少时，分析师进行预测时会更多地利用私有信息，而分析师的私有信息质量参差不齐，从而导致分析师之间的预测分歧度较大（蔡庆丰等，2011）。所以分析师预测分歧度和企业的信息透明度息息相关。上市公司信息透明度越高，分析师预测分歧度越小（方军雄，2007；白晓宇，2009）。同样企业的不确定性和会计稳健性都会影响分析师的预测分歧度。因为企业的不确定性较高、会计稳健性较低时，企业的信息不对称程度较高，从而导致分析师的预测分歧度较大（吴锡皓、胡国柳，2015）。王雄元和彭璇（2016）研究了企业客户稳定性对分析师预测分歧度的影响，发现企业的客户稳定性较强时，企业的盈余可能更加稳定，分析师的预测分歧度也会越低。而如果企业发布定量的业绩预测，也会显著降低分析师的预测分歧度。因为相对于定性的业绩预测，定量的业绩预测的信息含量更高。同理业绩预告区间越小，分析师的预测分歧度也会越低。

然而也有研究表明，尽管分析师与个人投资者相比，具有更专业的能力和信息优势，但是分析师之间“羊群效应”的存在，使信息逐步同质化。分析师对声誉的顾虑、证券公司的薪酬制度都会引发和激化分析师“羊群效应”的产生。Hong 等（2000）基于发达资本市场的数据研究发现分析师预测存在明显的“羊群效应”，特别是工作经验较少的年轻分析师更倾向于追随经验较为丰富分析师的预测结果，而放弃自己获取的私有信息。在我国，蔡庆丰等（2011）也对分析师和机构投资者的“羊群效应”的存在性进行了研究。研究发现，在我国资本市场中，证券分析师和机构投资者都存在“羊群效应”，而分析师的“羊群效应”更加明显，进一步加剧了机构投资者的“羊群效应”。

那么企业战略差异度会对分析师的预测分歧度产生影响吗？根据前文的推理，企业的战略差异度越大，会导致企业的经营风险加大和信息不对称程度增加。从企业的信息不对称程度增加会加大分析师的预测分歧度进行推理，企业的战略差异度会增加分析师的预测分歧度。但若考虑分析师“羊群效应”的存在，企业战略差异度对分析师预测分歧度的影响可能并不显著。本章对企业战略差异度对分析师预测分歧度的影响进行了实证检验，两者的相关系数为 -0.004，t 值

为 -0.39。这说明暂时没有发现企业战略差异度对分析师的预测分歧度具有显著影响的证据。而前文的实证结果已经验证了企业战略差异度与分析师的预测偏误呈正相关，也就是说企业战略差异度越大，分析师预测越不准确。所以结合企业战略差异度对分析师分歧度的影响结果，企业战略差异度增加，分析师的预测质量下降，但是对分析师之间的预测分歧度并没有受到显著的影响。那么可能的原因就是分析师“羊群效应”的存在，导致虽然分析师的预测结果不准确，但是后发布预测的分析师追随和模仿领先发布预测的分析师、年轻缺乏经验的分析师追随资历较深的分析师，最终使分析师之间的预测分歧度并不大。

本章小结

本章主要分析了企业战略差异度对分析师预测质量的影响。研究发现企业战略差异度越高，分析师预测偏误越大，预测准确度越低。可能的原因有：①企业战略差异度越大，企业的经营风险越大，从而导致企业盈余的持续性和可预测性降低，会显著降低分析师的预测质量。②企业战略差异度越大，企业的信息不对称程度越高，增加了分析师获取信息的成本和进行预测的难度，不利于分析师预测质量的提高。③依据成本收益原则，分析师跟踪的投资组合一般处于相同或者相似的行业。投资组合中公司的信息可以发挥信息溢价作用。一旦公司偏离行业常规战略，这种信息溢价作用将会减弱。分析师需要额外收集差异度较大企业的相关信息。这增加了分析师的信息收集成本，也可能导致分析师预测质量的下降。

在进一步研究中，首先对战略差异影响分析师预测质量的作用机制进行了检验。研究发现企业战略差异可以通过企业的盈余波动性的加大、信息不对称程度的增加对分析师预测质量产生影响。其次，研究了机构持股对战略差异度与分析师预测质量之间关系的影响。研究发现机构投资者作为分析师重要的利益相关者，对两者的关系具有显著的调节作用。具体体现在，随着机构持股比例的增加，企业战略差异度对分析师预测偏误的影响逐步加强。再次，研究了分析师工作经验和所在券商的规模对企业战略差异度影响分析师预测业绩的缓解作用。最后，对企业战略差异度对分析师预测分歧度的影响进行了简单的推理和验证，暂没有发现企业战略差异度对分析师的预测分歧度具有显著影响的证据。可能的原因是分析师之间“羊群效应”的存在，导致虽然企业战略差异度越大，分析师的预测越不准确，但是分析师之间的预测分歧度却并不是很大。

本章的研究对分析师、上市公司、证券监管部门、市场投资者都具有实践性参考价值：①对于分析师来说，分析师的预测质量是分析师绩效和声誉的重要保证，而企业战略差异越大，导致分析师的预测质量显著降低。这有助于分析师合理地选择投资组合，并重视对投资组合中战略差异度较大公司的信息收集和挖掘，尽量提升预测质量。②对于上市公司来说，企业战略差异度导致的分析师预测质量的下降，可能导致在资本市场中企业价值的错估，也不利于企业信息在资本市场中的充分传递和接收。建议企业战略差异较大的企业重视企业战略信息的披露，加强与分析师之间的沟通，提升分析师的预测质量，减轻企业信息不对称程度，增强企业在资本市场中的运行能力。③对于我国证券监管部门来说，企业战略差异度对分析师预测质量的影响，说明目前在我国资本市场中企业战略信息的披露尚不充分。需要加快战略相关风险信息披露政策的制定，引导战略信息在资本市场中的释放，提高资本市场的信息透明度。④对于投资者来说，投资者应该关注企业相关的战略信息，理解战略差异对分析师预测准确度的影响后果，更加谨慎地使用分析师对战略差异度较大的企业进行预测。

第五章　企业战略差异对分析师乐观偏差影响的实证检验

在理清企业战略差异度对分析师预测偏误的影响后，本章主要探讨企业战略差异度对分析师乐观偏差的影响。企业战略差异度较高时会导致分析师的预测偏误增加，而分析师预测偏误为绝对数值，本章将进一步分析分析师在预测质量下降的情况下，对战略差异度较大企业进行的预测是倾向于乐观还是悲观。也就是说本章的研究在上一章研究结论的基础上，重点研究分析师预测质量下降时，分析师盈余预测更倾向于大于还是小于企业实际盈余。当分析师盈余预测大于企业实际盈余时，代表企业战略差异度较高时分析师更倾向于发布乐观的预测；相反，则代表分析师对战略差异度较大的企业持有更悲观的态度。

第一节　理论分析与假设提出

分析师作为资本市场中重要的信息中介，其独立性是保证分析师发挥作用的重要前提。在西方较为发达的资本市场中，分析师作为专业的市场参与者，其作用和地位得到了较早的验证和肯定。而我国资本市场起步较晚，分析师行业制度和规范尚不健全，所以有关分析师独立性的研究也较为滞后。最初的研究主要集中在分析师盈余预测和投资评级的市场价值上。较多的研究验证了分析师盈余预测和投资评级具有较高的投资价值，分析师的预测优于传统的随机模型，分析师行业的存在也得到了资本市场的肯定。随后不少学者展开了对分析师关注行为和预测质量影响因素的研究，其中对分析师独立性的研究就是其中重要的分支。因为对分析师预测影响因素的研究，能够帮助投资者有效甄别分析师盈余预测和评级的可信度。虽然分析师是较为专业的市场参与者，但在资本市场中也具备一般市场参与者有效理性的属性，其独立性会受到很多因素的影响，例如受到晋升、声誉、经济利益等众多因素的影响。

分析师的独立性会受到所在券商承销业务的影响。早在 1995 年 Dugar 和 Nathan 就研究了投资银行业务对分析师盈余预测和投资评级的影响，研究发现承销商分析师对相关的业务倾向于做出更为乐观的预测和评级。随后不少学者的研究也验证了这一观点。分析师独立性受到券商承销业务影响的主要原因是分析师发布更为乐观的预测和投资评级有利于分析师的晋升，而且分析师预测的乐观程度与其晋升的可能性成正比，并显著超过了分析师预测准确性对分析师晋升带来的影响。另外，承销商分析师具有较早发布调高评级和较晚发布调低评级的行为，这也体现了承销商分析师具有较为乐观的倾向。分析师的非对称性调整行为，说明分析师的行为不具有完全的独立性。同样地，对我国承销商分析师的行为进行研究也得到了相似的结论，即承销商分析师更倾向于乐观的盈余预测和投资评级（原红旗、黄倩茹，2007）。曹胜和朱红军（2011）从国内券商的自营业务收入出发，对自营股票买卖是否影响隶属分析师的独立性进行检验，发现券商自营业务会对分析师的乐观倾向产生显著的影响。分析师总体上对所属券商重仓持有的股票会更加乐观，且乐观性主要体现在投资评级上。

分析师的独立性也会受到券商经纪业务佣金收入的影响。因为佣金收入是券商收入的重要来源。分析师通过发布预测报告和投资评级可以有效地引导投资者进行交易以便增加佣金收入。分析师可以通过发布具有乐观倾向的预测报告和评级，增加投资者的投资积极性和对市场的乐观估计。分析师也可以通过频繁更改预测和投资评级，引导投资者进行频繁的买入和卖出，也能增加券商的佣金收入。机构投资者是券商的主要客户，从机构投资者交易中获取的佣金收入占券商佣金收入中较大的比重。所以机构投资者对分析师的乐观倾向具有显著的影响。Gu 等（2013）基于中国资本市场数据研究了机构投资者对分析师乐观行为的影响。研究发现如果分析师所在券商从基金公司获得佣金，那么分析师的预测会更加乐观，且分析师的乐观程度与从基金公司获得的佣金的多少成正比。官峰等（2015）基于定向增发解禁为背景，研究发现解禁对象为机构投资者时分析师预测更加乐观。而且机构投资者即将解禁的股份占公司总股本的比例越高，分析师预测越乐观。解禁日越近，分析师预测越乐观。这说明机构投资者作为分析师利益相关者，对分析师的预测乐观性具有显著的影响。

在企业的 IPO 过程中，承销商分析师的乐观偏差也会受到影响。潘越等（2011）以我国 IPO 市场为研究对象，发现承销商分析师对表现不佳的新股具有乐观的倾向，但这种现象在 90 天消失。Michael 等（2017）研究了分析师在 IPO 过程中的行为。虽然对分析师的收入来源做出了相关的限制，但是分析师在参与 IPO 的过程中，依然具有过于乐观的倾向，而且预测的准确度较低，市场反应较小。当上市公司真实情况逐步在市场中显露出来以后，投资者一般具有负向的投资收益。在这个过程中，分析师、发行人和投资银行能从分析师乐观的预测和推荐中获益，而且分析师的乐观程度与券商在 IPO 过程中的代理收益成正比。

从券商参股的共同基金中券商不但可以获取佣金收入，而且还能分到一定的红利收入。这时分析师的乐观性也会受到显著影响。姜波和周铭山（2015）经研究发现券商入股的基金公司的重仓股，会对旗下的分析师预测的乐观性产生显著的影响，主要表现为关联分析师会具有更加乐观的评级。Firth 等（2013）研究了共同基金和证券公司之间的商业关系是否影响分析师的股票推荐。利用证券公司从共同基金获得佣金以及持有的股份比例的独特数据，研究发现当这只股票被分析师所在券商的客户共同基金所持有时，分析师的推荐显著高于一致预测，分析师的乐观性随着股票在共同基金中所占的比重增加以及佣金收入的增加而增加。

分析师的乐观倾向也会受到其他因素的影响。如分析师的个人特征也会影响分析师的乐观倾向。全怡等（2014）考察了担任独立董事的证券分析师的预测行为，研究发现与跟踪聘任上市公司的非独立董事分析师相比，独立董事分析师对聘任上市公司的投资评级和盈余预测更为乐观。在担任独立董事后，证券分析师的预测准确性下降，表现则更为乐观。伊志宏等（2015）基于女性分析师进行研究，发现女性分析师更加谨慎，预测报告乐观偏差较小。分析师的职业发展在一定程度上促进了分析师具有一定程度的乐观倾向。Joanne 等（2017）研究了分析师职业关注对分析师行为的影响，当投资者银行可能成为自己的雇主时，分析师的预测会更倾向于乐观。而当投资银行不会成为他们的雇主时，则并没有发现这种乐观倾向的存在。分析师可以从这种行为中获利，也会通过这种方式跳槽至声誉更高的投资银行。新闻媒体作为资本市场另外一个重要的信息中介，可以在一定程度上缓解分析师的乐观行为。谭松涛（2015）基于中国主流财经媒体的报道数据进行研究，发现媒体关注度可以显著降低分析师的乐观偏差。因为媒体报道可以降低企业的信息不对称程度，有助于分析师进行更客观的预测。另外分析师之间“羊群效应”的存在，导致其他分析师的乐观偏差也会对分析师产生一定程度的影响。游家兴等（2017）基于凯恩斯选美竞赛，研究了其他分析师乐观性以及大胆性对分析师预测乐观性和大胆性的影响。发现分析师预测行为存在“选美竞赛”现象，分析师预测会趋于与其他分析师平均预测水平一致，即存在“羊群效应”。这种现象在明星分析师中有所减轻。为了减轻分析师更倾向于发布乐观预测报告和评级的现象，我国监管部门不断规范市场监管制度，减少市场的投机行为，并引入了卖空机制。卖空机制对分析师的乐观偏差方具有一定的缓解作用。李丹等（2016）基于双重差分模型，研究了卖空机制对分析师乐观偏差的影响。对于融资融券标的公司，引入卖空机制显著降低了分析师盈余预测的乐观性偏差。当机构私利引起的利益冲突较轻时，卖空机制对分析师乐观性偏差的抑制作用更为明显。

在现有研究的基础上，本章首先将对企业战略差异对分析师乐观偏差的影响进行研究。其次研究企业战略差异对分析师乐观偏差影响的作用机制和治理机制。本章研究分析路径如图 5－1 所示。

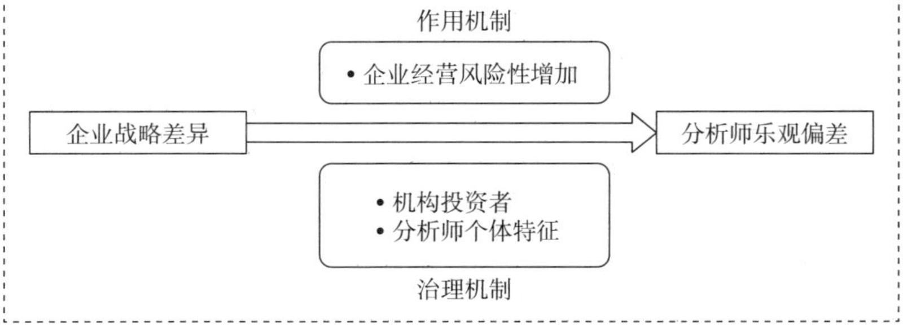

图 5－1 企业战略差异对分析师乐观偏差影响研究分析路径

对分析师乐观偏差影响因素进行分析总结后发现，有关分析师乐观偏差受企业特征影响的文献目前较少，主要与所在券商、机构投资者、分析师个人特征等因素有关。那么企业的战略差异度是否会影响分析师的乐观性呢？目前有关企业特征对分析师乐观偏差的影响的文献较少，本章将从两个方面推理企业战略差异度对分析师预测乐观偏差的影响。

首先，基于以往研究的成果，一般来说分析师倾向于发布乐观的预测和评级。那么在企业战略差异度较大时，企业可能会获取极端的收益或损失。但分析师的乐观倾向会使分析师加大对企业未来盈利较好的判断，从而在企业战略差异度较大时，分析师会给予较为乐观的评价。另外，分析师为了提高对战略差异较大企业预测的准确度，具有满足公司管理层偏好的动机，以便引起管理层注意，建立良好互利关系，进而获得更多的企业私有信息（赵良玉等，2013），所以推测分析师具有发布乐观偏差的预测报告和推荐的倾向（Agrawal and Chen，2008）。

其次，从心理学的角度出发阐述两者之间的关系，推理在企业战略差异度较大时，分析师的乐观偏差会受到的影响。心理学家 Gigerenzer 和 Todd 在 1999 年提出熟悉偏好理论。熟悉偏好理论认为，人们更加喜欢和习惯自己熟悉的事物，对自己不熟悉的事物会给予负面评价。因为从心理学角度分析，熟悉的事物或人更具有安全感，需要的风险溢价补偿更低。行为经济学家认为，熟悉偏好是投资者在进行投资时，根据自己的熟悉程度而改变个人风险认知的一种倾向或者偏见（Huberman，2001）。Bornstein 从进化心理学的角度认为越是熟悉的事物，大脑处理信息越轻松，人们的感觉越良好，从而会具有一个积极正面的评价。学者对影响分析师跟踪投资组合的因素进行研究的结果发现，分析师跟踪的投资组合一般处于相同或相似的行业，分析师具有行业相关经验，投资组合中具有相同或者相似行业的公司利于分析师发挥信息和知识溢价的作用。而战略差异偏离行业常规战略的公司，会降低分析师对公司的熟悉程度、增加信息处理难度及成本。基于现代心理学研究的成果，对事物的熟悉程度在对事物的评价过程中占重要作用。一旦由于公司战略差异导致分析师对公司熟悉程度降低，将直接影响分析师对公司的评价。甚至由于熟悉程度的大幅度降低，分析师会做出负面的评价。所以基于熟悉偏好理论以及战略差异带来的熟悉程度的降低，分析师会对战略差异较大的企业具有不乐观的评价。根据上文推理，提出本章的对立假设。

H5 -1a：企业战略差异越大，分析师预测越乐观。

H5 -1b：企业战略差异越大，分析师预测越不乐观。

第二节 研究设计

一、样本来源及选择

本章所用数据主要来源于 CSMAR 数据库，选取了 CSMAR 数据库中 A 股上市公司 2008 ~2017 年的财务数据、分析师预测数据等。共得到公司 - 年度层面样本 21790 个。剔除 ST/PT 样本、金融行业样本、数据缺失样本，最后得到公司 - 年度层面的数据共 11395 个。为了避免极值影响，对连续变量进行 1% 的缩尾处理。相关数据处理和回归分析均在 Stata 14.0 软件中完成。

二、变量定义

（一）分析师乐观度（Opt）的衡量

分析师对公司盈余预测的预测误差大于零，表明分析师对公司未来的盈余预测具有乐观倾向（Francis and Philbrick，1993；Jackson，2005）。本章延续 Jackson（2005）、许年行（2012）等的做法，将分析师的乐观偏差定义为：分析师的盈余预测减去公司的实际盈余，大于零为乐观，小于零则为不乐观。公司层面分析师乐观度的衡量为每年每个公司跟踪的所有分析师中乐观分析师占比，所以预测误差大于零的分析师占比越大，分析师总体对该公司乐观偏差程度越大。

（二）其他控制变量

本章还控制了公司层面会对分析师行为产生影响的变量。主要有代表公司规模（Size）的指标，采取公司总资产取自然对数的方式计算得来。在一定程度上可以代表公司信息透明度的指标无形资产占总资产的比重（Itang）。本章还控制了企业的资产收益率（Roa）、企业资产负债率（Lev）、企业市值账面价值比率（Mb）、企业上一年是否超过分析师一致预测（Badnews）（超过取 0，未超过取值为 1）、公司实际盈余超过分析师一致预期值的大小（Aue）、企业是否是国企（Soe）、公司上市年数（Age）。最后为了减少分析师与机构持股利益冲突对分析师行为的影响，对每家公司的机构持股比例（Holder）进行控制。

（三）行业年度的控制

为了减轻行业和年度带来的行业和年度固定效应对分析师行为的影响，本章对行业和年度进行了控制。鉴于制造行业大类包含众多二级行业，而各个不同二级行业之间存在较大的差异，对制造业行业进行二级行业固定效应的控制。

三、模型构建

为检验本章假设，即验证企业战略差异对分析师乐观偏差的影响。依据以往相关研究（白晓宇，2009；王玉涛、王彦超，2012；Hilary and Shen，2013），建立模型（5－1），并加入企业战略差异指标。

$$Opt = \beta_0 + \beta_1 SD + \beta_2 Size + \beta_3 Itang + \beta_4 Roa + \beta_5 Lev + \beta_6 Mb + \beta_7 Holder + \beta_8 Aue + \beta_9 Badnews + \beta_{10} Soe + \beta_{11} Age + \sum year + \sum indr + \varepsilon \quad (5-1)$$

其中，Opt 代表分析师乐观偏差指标，用每年每个公司跟踪的所有分析师中乐观分析师占比例衡量，具体计算方法参见关键变量衡量。其余变量如表 5－1 变量含义描述所示。

第三节　实证分析与结果描述

一、主要变量含义和描述性统计

表 5－1 报告了主要变量的含义及其描述性统计的结果。从表中可以看出，分析师乐观占比指标均值为 0.692，这说明平均来说有 69.2% 的分析师会对企业做出乐观的评价。分析师乐观占比指标中位数为 0.871，结合该指标的均值数据判断整体数据偏右，在不少公司中分析师乐观占比较高。这与我国分析师整体预测趋于乐观的研究结论相符。

表 5-1 主要变量含义与描述性统计

变量	变量描述	样本数	均值	中位数	标准差	最小值	最大值
Opt	分析师乐观占比	11395	0.692	0.871	0.362	0.000	1.000
SD	企业战略差异度	11395	0.494	0.419	0.282	0.142	1.564
Size	总资产取对数	11395	22.030	21.956	1.242	19.827	25.991
Itang	无形资产占比	11395	0.045	0.036	0.031	0.000	0.190
Roa	资产收益率	11395	0.054	0.043	0.035	-0.084	0.216
Lev	负债率	11395	0.466	0.418	0.217	0.039	0.865
Mb	市账比	11395	2.671	2.083	1.816	0.895	10.196
Holder	机构持股比例	11395	6.591	4.973	6.096	0.147	26.800
Aue	超过分析一致预期的值	11395	-0.271	-0.187	0.367	-1.787	0.489
Badnews	是否超过分析师一致预测	11395	0.038	0.000	0.189	0.000	1.000
Soe	是否是国有控股	11395	0.484	0.000	0.492	0.000	1.000
Age	公司上市年数	11395	10.812	9.000	7.032	1.000	24.000

二、主要变量相关性分析

表 5-2 列示了主要变量的相关性系数与显著性水平矩阵。从表中可以看出，企业战略差异度（SD）指标与分析师乐观占比指标呈负相关，且在 1% 的水平上显著。这说明企业战略差异度越大，分析师对企业的评价乐观占比越低。企业规模（Size）与分析师乐观占比呈正相关，但并不显著。企业的无形资产占比与分析师的乐观占比呈正相关，无形资产作为企业重要的资产之一，分析师更倾向于对无形资产占比较高的企业进行更乐观的评价。企业的资产收益率与分析师的乐观占比呈正相关且在 1% 的水平上显著。这说明企业的资产收益率越高，分析师对企业的盈余预测越乐观。企业的资产负债率与分析师的乐观占比呈负相关且在 1% 的水平上显著，这说明企业的资产负债率越高，分析师对企业的预测态度越不乐观。企业的市值账面比与分析师乐观占比呈正相关，这说明对于市场估值较高的企业，分析师会给予更加乐观的评价。机构持股比例与分析师乐观占比呈正相关且在 1% 的水平上显著，这说明企业的股权中机构持股比例越高，分析师对企业的预测越乐观。机构投资者是影响分析师独立性的重要因素，分析师的乐观占比会受到机构持股比例的显著影响。

表 5 – 2　主要变量相关系数与显著性水平

	Opt	SD	Size	Itang	Roa	Lev	Mb	Holder
Opt	1.000							
SD	-0.008***	1.000						
Size	0.003	0.089***	1.000					
Itang	0.027***	0.081***	-0.041***	1.000				
Roa	0.265***	-0.090***	-0.156***	-0.009	1.000			
Lev	-0.039***	0.090***	0.575***	-0.052***	-0.447***	1.000		
Mb	0.072***	0.024***	-0.465***	0.021**	0.377***	-0.420***	1.000	
Holder	0.043***	-0.004	0.052***	-0.011	0.101***	0.070***	0.040***	1.000

注：***、** 和 * 分别表示在 1%、5% 和 10% 水平上显著。

三、多元线性回归结果与分析

在表 5 – 3 中列示了企业战略差异度对分析师乐观偏差影响的多元回归结果。可以看出解释变量是分析师乐观占比（Opt）时，SD 的系数在 1% 水平上显著为负，回归结果说明在控制了其他因素的影响后，企业战略差异度越大，分析师越不乐观。结果证明了本章假设 H5 – 1b。可能的原因是：随着上市公司战略差异度的增加大，分析师对企业的熟悉程度降低，收集和处理企业的信息难度增加，基于心理学模糊厌恶理论，分析师更倾向于对战略差异度较大的企业进行负面评价。我国分析师普遍倾向于乐观的现象在战略差异度较大时并没有得到体现，这说明企业战略差异度对分析师的乐观性具有较大的影响。分析师对偏离行业常规战略的企业的前景估计并不乐观。除了分析师自身的谨慎性发挥了一定的作用外，也体现了企业战略差异的风险性对分析师态度的极大影响。

表 5 – 3　企业战略差异对分析师预测乐观偏差影响的多元回归结果

	(1) Opt
SD	-0.043*** (-3.252)
Size	-0.008** (-2.251)

续表

	(1) Opt
Itang	0.145* (1.716)
Roa	1.501*** (16.542)
Lev	-0.057*** (-2.605)
Mb	0.009*** (3.693)
Holder	0.001*** (2.447)
Aue_price	-0.409*** (-5.162)
Badnews	-0.196*** (-10.564)
Soe	-0.009 (-1.105)
Age	0.005*** (6.931)
常数项	0.652*** (5.289)
行业年度	已控制
R^2	0.2429
样本量	11395

注：①括号内为 t 值；②***、**和*分别表示在1%、5%和10%水平上显著；③表中报告的为稳健 R^2。

四、稳健性检验

为了保证企业战略差异度对分析师预测质量影响结果的稳健性，在模型建立阶段考察了模型中变量的共线性问题。在多元回归阶段，检测了变量的方差膨胀因子。模型中的变量不存在严重的共线性问题，且平均方差膨胀因子在 2 左右。在多元回归阶段，对模型中的连续变量进行去中心化处理，减少由于数据本身带来的变量之间的多重贡献性以及在需要使用交乘检验时可以使结论的解释更加合理。除了进行上述的检验和处理外，还进行了以下的稳健性检验。

（一）改变战略差异指标的衡量

1. 剔除不完整基础计算指标

将需要依据企业广告费用和研发费用两个数据进行计算的指标删除。用剩下的四个指标作为战略差异指标（SD4）的计算基础。结果如表 5-4 所示，从表中可以看出结果依然稳健。

表 5-4　企业战略差异对分析师预测乐观偏差影响的稳健性检验 1

	(1) Opt
SD4	-0.024** (-2.298)
Size	-0.009** (-2.323)
Itang	0.114 (1.354)
Roa	-1.494*** (-16.442)
Lev	-0.054** (-2.486)
Mb	0.008*** (3.474)
Holder	0.000 (0.189)
Aue_price	-0.409*** (-35.093)
Badnews	-0.197*** (-10.599)
Soe	-0.008 (-1.052)

续表

	(1) Opt
Age	0.005*** (6.932)
常数项	0.662*** (25.528)
行业年度	已控制
R^2	0.2426
样本量	11395

注：①括号内为t值；②***、**和*分别表示在1%、5%和10%水平上显著；③表中报告的为稳健R^2。

2. 改变战略差异指标的数值形式

将战略差异指标的数值形式由连续变量更换为离散变量的形式。依据企业战略差异度指标分位数将其按年度行业分为10组。第一组取值1，第二组取值2，以此类推。数值形式的改变可以减少指标在计算时一定范围内的误差。将离散形式的战略差异指标记作GSD。代入模型（5-1）中，多元回归结果如表5-5所示。从表中可以看出企业战略差异度对分析师乐观偏差的影响依然保持稳健。

表5-5　企业战略差异对分析师预测乐观偏差影响的稳健性检验2

	(1) Opt
GSD	-0.004*** (-3.402)
Size	-0.009** (-2.281)
Itang	0.126 (1.497)
Roa	-1.492*** (-16.422)

续表

	(1) Opt
Lev	-0.056*** (-2.579)
Mb	0.009*** (3.653)
Holder	0.000 (0.231)
Aue_price	-0.409*** (-35.164)
Badnews	-0.196*** (-10.546)
Soe	-0.009 (-1.077)
Age	0.005*** (6.921)
常数项	0.671*** (25.423)
行业年度	已控制
R^2	0.2430
样本量	11395

注：①括号内为t值；②***、**和*分别表示在1%、5%和10%水平上显著；③表中报告的为稳健R^2。

（二）更换样本期间

从2011年开始实施的《证券公司信息隔离墙制度指引》为分析师的独立性提供了一定的制度环境。所以将样本从2008~2017年，更换为2011~2017年的相关数据进行回归，结果列示在表5-6中，结果依然不变。

表 5-6 企业战略差异对分析师预测乐观偏差影响的稳健性检验 3

	(1) Opt
SD	-0.055*** (-3.466)
Size	-0.004 (-1.009)
Itang	0.074 (0.706)
Roa	-1.470*** (-13.649)
Lev	-0.078*** (-2.906)
Mb	0.007*** (2.646)
Holder	0.000 (0.169)
Aue_price	-0.346*** (-28.263)
Badnews	-0.160*** (-7.908)
Soe	-0.014 (-1.469)
Age	0.003*** (4.072)
常数项	0.748*** (32.394)
行业年度	已控制
R^2	0.1933
样本量	7868

注：①括号内为 t 值；②***、**和*分别表示在 1%、5%和 10%水平上显著；③表中报告的为稳健 R^2。

第四节 进一步研究

一、企业战略差异度对分析师乐观偏差影响的作用机制研究

企业战略差异度会导致分析师预测乐观度的降低。但是企业战略差异度影响分析师预测乐观偏差的作用机制是什么？随着企业战略差异度的增加，企业未来经营风险加大，表现在企业中则是盈余波动性的加大（Tang et al.，2011）。Kadan 等（2012）从分析师的行业经验研究出发，研究发现分析师对处在盈利较好行业的企业更倾向于做出乐观的评价。而企业战略差异度较大时，企业盈利的波动性增加，企业的盈利能力无法获得保证，而企业的盈利能力是影响分析师预测乐观偏差的重要影响因素。在企业盈利波动增加时，分析师也更倾向于做出负面的评价。从分析师的行业经验来讲，企业战略差异度越大，分析师的行业经验在分析师预测时发挥的作用越小。另外，分析师对企业的熟悉程度也会降低。从心理学的角度，分析师会倾向于做出负面的评价。那么企业战略导致的盈余波动会不会是导致分析师做出负面评价的作用路径呢？我们将进行进一步的验证和分析。通过模型（5－2）、模型（5－3）检验企业战略差异度、企业收益波动性与分析师预测乐观偏差之间的关系。

$$\begin{aligned}Std(ROA) = {} & \beta_0 + \beta_1 SD + \beta_2 Size + \beta_3 Itang + \beta_4 Lev + \beta_5 Mb + \beta_6 Holder + \\ & \beta_7 Aue + \beta_8 Badnews + \beta_9 Soe + \beta_{10} Age + + \beta_{11} Lloss + \sum year + \\ & \sum indr + \varepsilon \end{aligned} \quad (5-2)$$

$$\begin{aligned}Opt = {} & \beta_0 + \beta_1 Std(ROA) + \beta_2 Size + \beta_3 Itang + \beta_4 Lev + \beta_5 Mb + \beta_6 Holder + \\ & \beta_7 Aue + \beta_8 Badnews + \beta_9 Soe + \beta_{10} Age + \sum year + \sum indr + \varepsilon \end{aligned} \quad (5-3)$$

表 5－7 列示了企业战略差异度是否是通过企业收益波动对分析师乐观偏差产生影响的实证检验结果。第（1）列中是企业战略差异度（SD）对企业收益波动［Std（ROA）］的多元回归结果，两者在 1% 的水平上显著为正。这说明企业

战略差异度越大，企业盈余波动也越大。这与 Tang 等（2011）的研究结论一致。表中第（2）列列示了企业盈余波动对分析师乐观偏差的影响。企业的收益波动［Std（ROA）］与分析师乐观偏差（Opt）之间的关系为负且在 1% 的水平上显著。这说明企业的收益波动越大，分析师对企业的盈余预测越不乐观。对企业收益波动的中介效应进行检验，Z 值为 -3.266，在 1% 的水平上显著通过检验，这说明企业战略差异对分析师乐观偏差的影响可能是通过企业收益波动机制实现的。

表 5-7　企业战略差异对分析师乐观偏差影响的作用机制检验

	(1) Std（ROA）	(2) Opt
SD	0.154*** (3.963)	0.096*** (3.763)
Std（ROA）		**-0.024***** **(-7.106)**
Size	-0.022* (-1.721)	-0.007** (-2.517)
Itang	-0.009 (-1.481)	0.001 (0.219)
Lev	-0.192** (-2.028)	-0.087*** (-6.679)
Mb	0.069*** (7.536)	0.016** (2.450)
Holder	-0.034*** (-6.436)	-0.004 (-1.211)
Aue_price	-0.493*** (-6.549)	-0.337*** (-9.881)
Badnews	0.743*** (11.843)	-0.165*** (-4.817)
Soe	-0.140*** (-7.908)	-0.005 (-0.981)
Age	0.040*** (7.876)	0.003*** (3.587)

续表

	(1) Std (ROA)	(2) Opt
Lloss	0.758*** (18.392)	
截距	0.233** (3.745)	0.679*** (7.989)
行业年度	已控制	已控制
R^2	0.1981	0.217
样本量	11395	11395
Sobel (1982) Z 检验		**-3.266*** **

注：①括号内为 t 值；②***、**和*分别表示在1%、5%和10%水平上显著；③表中报告的为稳健 R^2。

二、企业战略差异度与分析师乐观偏差关系的治理机制研究

（一）基于机构投资者持股比例的治理机制分析和检验

在影响分析师独立性的因素中，机构投资者是重要的影响因素之一。首先，在券商的经纪业务中，券商从机构投资者处获取的佣金收入占券商收入中较大的比重。Gu 等（2013）基于中国资本市场数据研究了机构投资者对分析师乐观行为的影响。研究发现如果分析师所在券商从基金公司获得佣金，那么分析师的预测会更加乐观，且分析师的乐观程度与从基金公司获得的佣金的多少成正比。Firth 等（2013）研究了共同基金和证券公司之间的商业关系是否影响分析师的股票推荐。研究发现当这只股票被分析师所在券商的客户共同基金所持有时，分析师的推荐显著高于一致预测。官峰等（2015）基于定向增发解禁为研究背景，研究发现解禁对象为机构投资者时分析师预测更加乐观。这说明机构投资者作为分析师重要的利益相关者，对分析师的预测乐观性具有显著的影响。其次，在分析师行业，“明星分析师”评选是一项重要选举活动和外部激励机制。当选“明星分析师”对分析师和所在券商来说，不但是声誉的提高，而且可以获取更多的经济利益。对于分析师来说“明星分析师”的称号还可能使分析师获得更高的职业平台。但是“明星分析师”选举的投票权在机构投资者手中，为了迎合机构投资者的偏好，分析师具有发布乐观预测和投资评级的倾向（Stickel，1992；

吴偎立等，2016）。最后，很多证券公司对基金公司拥有直接所有权，证券分析师在其中扮演“王婆贩瓜”（曹胜、朱红军，2011）的角色。分析师有动机对基金公司重仓持有的股票做出乐观的评价。因此将所有样本按照机构持股比例分位数划分成三组，检验在机构持股比例不同时，企业战略差异对分析师乐观偏差影响的变化。

机构持股比例对企业战略差异与分析师乐观偏差关系影响的实证结果列示在表5－8中。从表中的第（1）列至第（3）列，机构持股比例逐步增加。其中机构持股比例最低组与机构持股比例居中组回归结果均为负，分别在1%和5%的水平上显著。而第三组系数虽然为负，但是不显著。同样对三组样本进行组间差异检验，均显著通过。证明在机构持股比例不同时，企业战略差异对乐观分析师占比的影响具有显著不同。将三组综合来看，随着机构持股比例的上升，企业战略差异对分析师的乐观占比影响显著降低。这说明机构持股比例对企业战略差异与分析师乐观占比的关系具有显著的调节作用。这与现有结论一致（Stickel，1992；Gu et al.，2009；曹胜、朱红军，2011；吴偎立等，2016）。

表5－8 企业战略差异对分析师乐观偏差影响的治理机制检验1

	(1) Opt	(2) Opt	(3) Opt
SD	−0.076*** (−3.080)	−0.028** (−2.452)	−0.027 (−1.265)
Size	0.002 (0.218)	−0.012** (−2.069)	−0.020*** (−3.122)
Itang	0.202* (1.892)	0.231*** (3.145)	−0.048 (−0.352)
Roa	−1.640*** (−13.859)	−1.400*** (−8.157)	−1.473*** (−9.806)
Lev	−0.069* (−1.830)	−0.032 (−0.820)	−0.063* (−1.702)
Mb	0.009** (2.446)	0.006** (2.537)	0.008* (1.916)

续表

	(1) Opt	(2) Opt	(3) Opt
Holder	0.002 (0.405)	0.001 (0.745)	-0.000 (-0.089)
Aue_price	-0.385*** (-6.965)	-0.416*** (-6.403)	-0.425*** (-25.907)
Badnews	-0.222*** (-5.521)	-0.169*** (-4.634)	-0.191*** (-5.583)
Soe	-0.012 (-1.190)	-0.024*** (-3.099)	0.006 (0.465)
Age	0.003 (1.223)	0.006*** (3.063)	0.005*** (4.375)
常数项	0.656*** (16.355)	0.693*** (9.794)	0.616*** (3.831)
行业年度	已控制	已控制	已控制
R^2	0.2303	0.2671	0.2515
样本量	3858	3802	3735

注：①括号内为 t 值；②***、**和*分别表示在 1%、5%和 10%水平上显著；③表中报告的为稳健 R^2。

（二）基于分析师个人特征的治理机制分析和检验

分析师的性别特征会显著影响分析师的行为选择。在资本市场中由于性别差异导致的不同业绩表现一直是学术界研究的热点。在分析师职业中，Fang 和 Huang（2015）统计了美国分析师中女性分析师占比约在 20%。在中国的女性分析师占比更高，伊志宏等（2015）对我国 2003～2012 年参加评选明星分析师评选活动中女性分析师占比进行了统计，在明星分析师评选活动中女候选分析师占比高达 27%左右。而在本章的样本中，女性分析师约占总样本的 31.22%。可以看出在证券行业女性分析师发挥着重要的作用。以往研究表明和男性相比，女性更厌恶风险、更谨慎、更不容易过度自信（李焰等，2011）。Barua 等（2010）发现女性 CFO 在做财务决策时更为谨慎，规避风险、公司盈余质量更好，公司债务融资规模较少、并购频率低（Huang and Kisgen，2013）。女性高管与企业信息披露质量、企业社会责任承担呈显著正相关，由此可以看出女性高管对公司各方面风险的降低具有显著的作用。在基于性别差异对分析师的研究中，也发现了女性分析师具有相似的作用。伊志宏等（2015）在对女性分析师和股价同步性的研究中指出，女性分析师更努力（发布的报告较多），对股价同步性的抑制作用更加显著。而且女性分析师的预测更加准确，预测偏差更低。那么在企业战略差异对分析师乐观偏差的影响中，女性分析师和男性分析师的预测偏差是否因为性别特征的不同而具有不同的表现呢？将样本按照分析师性别分成两组进行检验，实证结果列示在表5－9中。

表5－9　企业战略差异对分析师乐观偏差影响的治理机制检验2

	(1) Opt	(2) Opt
SD	−0.045*** (−2.954)	−0.042** (−2.162)
Size	−0.010** (−1.964)	−0.007 (−1.281)
Itang	0.142 (1.190)	0.156 (1.293)
Roa	−1.468*** (−12.586)	−1.530*** (−11.551)
Lev	−0.046 (−1.604)	−0.069** (−2.110)
Mb	0.010*** (3.330)	0.007* (1.886)
Holder	0.001 (0.419)	−0.001 (−0.107)
Aue_price	−0.402*** (−27.142)	−0.416*** (−25.477)
Badnews	−0.183*** (−7.479)	−0.209*** (−7.315)
Soe	−0.015 (−1.387)	−0.002 (−0.207)

续表

	(1) Opt	(2) Opt
Age	0.005 *** (6.152)	0.004 *** (3.821)
常数项	0.654 *** (17.286)	0.650 *** (17.196)
行业年度	已控制	已控制
稳健 R^2	0.2386	0.2529
样本量	32607	71837

注：①括号内为 t 值；②***、**和*分别表示在1%、5%和10%水平上显著；③表中报告的为稳健 R^2。

在表5-9中，第（1）列和第（2）列分别报告了分析师是女性和男性时，企业战略差异度对分析师乐观偏差的影响。当分析师是女性时，企业战略差异度与分析师乐观偏差关系为负，系数为0.045，在1%的水平上显著；当分析师是男性时，企业战略差异度与分析师乐观偏差关系为负，系数为0.042，在5%的水平上显著。对两组样本进行系数差异检验，T值为-2.4867，Z值为-2.1560，这说明，与男性分析师相比，在企业战略差异度较大时，女性分析师对企业的预测更不乐观。这体现了女性更加谨慎、厌恶风险的特质。

本章小结

本章主要分析和检验了企业战略差异度对分析师乐观偏差的影响。研究发现企业战略差异度越大，分析师对企业的预测越不乐观。可能的原因有：①企业战略差异度越大，企业的经营风险越大，企业的盈利能力不能得到有效的保证，会显著影响分析师预测的乐观性。②从心理学的角度进行分析，随着企业战略差异度的增加，分析师对企业的熟悉程度降低，基于心理学模糊厌恶理论，分析师更倾向于对战略差异较大的企业进行负面评价。

在进一步研究中，首先对战略差异影响分析师乐观偏差的作用机制进行了检验，研究发现企业战略差异可以通过企业收益波动加大影响分析师的乐观偏差。其次研究了机构持股对战略差异度与分析师乐观偏差关系的影响。研究发现机构投资者作为分析师重要的利益相关者，对两者的关系具有显著的调节作用。具体体现在，随着机构持股比例的增加，企业战略差异度对分析师预测乐观偏差的影响逐步减弱。最后，利用年度—企业—分析师的数据样本，研究了分析师性别特征在企业战略差异度对分析师乐观偏差影响关系中的差异。研究发现在一定的战略差异度水平下，与男性分析师相比，女性分析师对企业的预测更不乐观。

本章的研究对分析师、上市公司、证券监管部门、市场投资者都具有实践性参考价值：①对于分析师来说，在我国分析师整体倾向于乐观，但是战略差异却导致分析师对企业发布了不乐观的预测报告，这说明我国分析师对企业战略信息的收集和挖掘还不充分，对企业的战略选择认识不足，分析师应重视企业战略信息。另外在我国证券公司中，基于成本收益权衡，分析师跟踪的公司一般处于同一个行业。所以当企业的战略差异较大时，由于行业知识和经验的限制，造成分析师无法对战略差异较大的企业进行准确判断。而目前我国有不少企业会选择差异化较大的企业战略，所以建议证券公司重视对综合型人才的培养，提高分析师对企业战略的认识以及跨行业的基础知识储备。②对于上市公司来说，企业战略差异较大时，分析师更倾向于做出负面的评价，这对企业的发展十分不利。一般来说，采取差异化战略的企业，具有更高的融资需求，若分析师对企业的未来预测并不乐观，会显著影响企业在资本市场上的融资行为和进一步发展空间。所以企业除了应该选择合理的企业战略外，还应该重视企业差异化战略信息的披露，加强分析师对企业战略的熟悉程度，改善分析师对企业未来预测的乐观程度。③对于我国证券监管部门来说，企业的战略信息的非强制性披露，最终导致分析师对战略差异较大的企业更倾向于做出负面的评价。这说明目前我国企业的战略信息披露尚不充分。分析师作为专业的市场参与者，对企业的战略信息尚不能完全评估和预测，那么对于普通投资者来说，现阶段企业战略信息的披露更不能满足投资者对企业未来进行预测的需求。所以我国监管部门应该尽快规范和加强企业战略信息的披露政策，并引导企业进行合理化的战略选择。④对于投资者来说，目前在我国资本市场中企业的战略信息披露得尚不充分，投资者在投资时应该重视企业的战略选择和战略信息，谨慎投资，不盲目乐观。

第六章　企业战略外部监管和内部治理机制探索

在本书的前部分章节中，对企业战略差异度与分析师关注行为、预测质量以及乐观偏差之间的关系进行了理论推理和实证检验，并对企业战略差异度影响分析师行为的作用机理和治理机制进行了分析和验证，主要涉及企业的高管特征、企业性质以及机构投资者持股比例、分析师个人特征等对企业战略差异与分析师行为关系的影响。前文的研究有助于梳理我国企业战略信息披露内部治理和外部监管目前尚存在的问题，也为本章提出我国企业战略信息外部监管和内部治理机制提供了坚实的理论支撑和经验验证。基于前文的研究结论，结合我国目前企业战略信息监管政策以及证券公司有关分析师任务分配机制，提出本章的主要观点。本书认为，目前我国经济仍处在新兴加转轨阶段，这决定了企业战略信息的披露相关问题必须由国家监管部门牵头制定正式的监管制度；同时企业战略选择属于企业的个体行为，外部监管很难达到企业战略信息充分、及时披露的目的，因此内部治理和第三方监督对完善企业战略信息的披露数量和质量具有关键性的作用。在本章中将对我国企业战略信息的内外部监管以及证券公司降低企业战略风险制度进行初步探索。

第一节 企业战略信息监管机制设计

一、企业战略信息监管机制的必要性

（一）企业战略信息披露的现状

随着经济的高速发展，企业的竞争日趋激烈。企业战略选择和实施逐步受到了学术界和实务界的重视，近两年来有关企业战略经济后果的研究越来越多。总体来说虽然企业战略选择是提高企业核心竞争的重要手段，但是根据目前国内外的研究成果，企业战略的风险性体现得更加明显。如 Tang 等（2011）研究认为企业战略差异度越大，企业的盈余波动越大，违规风险越高，审计收费也越高，基于我国企业的研究也发现同样的结论。同时也有研究发现企业战略差异度越大，企业的盈余管理程度越高（叶康涛等，2015；孙健等，2016）、会计相关性越差（叶康涛等，2014），这都体现了企业战略具有的风险性。而根据企业战略理论的发展来看，战略的风险性也得到了现代战略理论的认可。从实务中来看，在企业调研的问答阶段，投资者提问的问题中企业的战略问题在所有问题中占较大的比重。所以无论是从学术研究成果还是在资本市场的实际运行中，都暴露了目前我国企业战略信息披露存在较多的问题。

在 20 世纪 80 年代，基于经济学视角企业战略管理的研究已经开始。但是目前就我国企业战略信息在资本市场的经济后果来看，我国企业战略信息披露还不充分，究其原因主要是企业的战略信息披露目前还未引起监管部门重视，导致缺乏内外部的监督和治理机制。典型的案例如重庆啤酒跨界研发乙肝疫苗。研发乙肝疫苗作为企业的重要宣传题材，重庆啤酒加大持股比例不断在概念股进行反复炒作，对其股价和市值的提升做出了较大的贡献。但最终在 2011 年发生了“重庆啤酒黑天鹅事件”[①]，导致股价连续跌停 9 天。股价从 80 元跌至 20 元，200 多

① 2011 年 12 月 7 日，上市公司重庆啤酒（股票代码：600132）发布一则公告，宣布公司投巨资参与研制十三年的乙肝疫苗经临床实验评估为无显著疗效，疗效仅比“安慰剂”高 1 ~ 2 个百分点。公告一经发出，股价应声而落，连续 9 个“一”字跌停，股价从 80 元跌至 20 元，200 多亿元市值瞬间蒸发。

亿元市值瞬间蒸发，造成投资者“关灯吃面”① 的投资惨状。从表面看这只是企业研发失败的案例，其实就企业自身而言这是企业战略选择与主业差异过大带来的巨大风险。从信息披露的角度来看，这是企业隐瞒特质性风险信息造成的股价风险。而从监管的角度来说，这是我国目前将企业战略信息作为非强制性披露信息造成的信息监管缺失。

（二）企业战略信息内部治理的缺失

由于目前企业战略信息的披露尚未得到监管部门的重视，而企业的管理者具有选择性披露非强制性披露信息的权利。所以我国企业战略的选择以及战略信息的披露具有较大的自主权。由于代理问题的存在，各种迹象表明我国企业战略选择和战略信息披露的内部治理机制还有待完善。首先，企业战略选择不够谨慎，不少企业选择了差异度较大的战略。大股东利用控制权，将企业的资金投入风险过高的业务，并通过关联交易等手段“掏空”小股东的利益。其次，由于两权分离制度的存在，对管理者的监督和制衡机制尚不成熟。选择差异较大战略并选择性地披露战略信息，高管通过自身权利影响企业战略选择的可能性加大。最后，在我国企业中目前尚没有健全、规范的战略选择和战略信息披露内部治理机制。中小股东等不能参与到企业的战略选择中，最终导致企业战略选择不能真正地提高企业的竞争力。由此分析，目前我国上市企业中有不少企业选择差异化较大的战略，但是最终并没有获取较好的绩效、没有提高企业的价值就可以得到合理的解释。

（三）企业战略信息外部监管的空缺

从我国监管部门对企业战略选择和战略信息披露监管的角度来看，虽然在深交所发布的《深圳证券交易所上市公司投资者关系管理指引》中特别强调了包括战略信息在内的非财务信息的披露规范，并做出了相应的引导。但是目前我国财政部和证监会还未出台正式的企业战略选择和战略信息披露的监管制度及法规。就目前企业战略选择和战略信息披露的经济后果来看，对企业战略选择和战略信息披露进行规范的外部监管是十分必要的。在国外，AICPA（1994）、CICA（1995）、ICAEW（2000）和 FASB（2001）等权威准则制定机构均要求企业披露未确认价值创造因素的报告，其中就包括企业的战略信息的披露。而我国对企业

① 形容我国股民群体内心痛苦的特有表达方式。

战略信息披露监管的缺失，与我国资本市场不成熟有着不可分割的关系。仅有的战略监管指引，执行不到位，监管效力有限，而且没有具体战略信息披露政策和处罚机制，导致企业选择权利过大，企业大部分战略信息均被截留在企业内部。所以企业战略选择和信息披露外部监管机制的缺失，也是造成我国资本市场中企业战略经济后果的重要原因。

（四）企业战略信息披露和监管的必然性

从企业战略理论的发展来看，最初的战略理论研究认为战略是理性计划的产物，而后的战略理论提出应变性、竞争性和风险性才是战略的突出属性。从对战略的认识变化中可以看出，企业战略的选择和实施虽然可以提前进行规划，但是由于外部环境的变化，若企业不能在变化中不断地调整企业的战略选择，战略失败的风险性就会较大。在资本市场中，信息是否充分披露、传递和解读，在一定程度上决定着资本市场的效率，其中风险性特质信息的披露和监管更为重要。企业战略信息作为风险性信息，目前我国企业战略信息的监管缺失是影响资本市场健康运转的重要因素。虽然市场具备自动进行调节的机制，但是从社会福利经济学的角度来看，适当的政府监管是十分必要的。公共利益管制理论为监管部门进行必要监管提供了坚实的理论基础。在市场不完全有效的情况下，政府监管可以优化市场效率，提高社会整体福利水平。而目前我国企业战略信息披露外部监管的缺失，直接导致了企业内部管理者对战略选择和披露自主性过大、缺少完整的内部牵制机制和治理机制。目前企业战略信息披露和监管暴露出的各种弊端，说明在我国资本市场目前的发展中，仅仅依赖市场机制制衡各个利益相关者之间的关系是行不通的。我国的监管部门应该逐步介入对企业战略信息披露的监管。

从目前我国资本市场的发展来看，建立企业战略信息披露内外部监管机制刻不容缓。目前我国监管部门还没正式出台与战略相关的监管政策。企业战略信息披露监管的缺失，在资本市场中已经造成了一定的经济后果。投资者对企业战略相关信息的关注，说明目前我国企业战略信息的披露还不充分，不能满足投资者对企业战略信息的需求，所以企业战略信息的披露和监管需要我国监管部门尽快出台正式的管理制度和指引规范。而战略管理作为企业的自主行为，企业内部的企业战略选择和披露机制的完善也尤其重要。只有外部监管和内部治理相结合才能根治目前我国企业战略带来的不良经济后果。从前文的研究中也可以看出，企业的高管特征在缓解企业战略带来的经济后果中也发挥着积极的作用。在我国，目前对高管的各种激励机制也逐步完善，企业的高管激励行为也日趋常态化。而机构投资者持股也能缓解企业战略差异带来的不利经济后果，这说明机构投资者作为资本市场中重要的投资队伍，在影响市场参与者的行为中已经具备一定的能力。这为我国监管部门制定企业战略监管机制提供了坚实的基础。政府监管行为是一种经济行为，同时也是一种政治行为，更是基于规范法制的法律行为，所以除了出台相关的制度和法规，必要的经济监管也很重要。

企业战略选择和战略信息披露受外部监管和内部治理环境的综合影响。在我国经济高速发展的过程中，资本市场制度的逐步完善是大势所趋。企业战略信息的监管政策和内部治理环境的改善，都有助于我国企业战略信息在资本市场上的有效披露和传递。基于我国目前对企业战略信息披露和监管内外部监管制度同时缺失的现状，建立健全完善的外部监管制度和合理有效的内部治理机制，相辅相成，才能从根本上解决我国目前企业战略信息披露和监管不足的难题。所以，下面将从外部监管与内部治理耦合的视角寻求企业战略信息披露和监管的优化策略。

二、企业战略信息披露和监管耦合机制的设计

企业战略信息披露和监管耦合机制的设计，需要监管部门指引企业结合行业竞争程度、行业生命周期以及企业其他特征，选择合理的战略定位和战略决策，并发挥企业高管、机构投资者等利益相关主体在公司战略选择和战略信息披露中的积极作用。基于以上思路，对企业战略信息披露和监管耦合机制设计的构思如下：

（一）企业战略信息外部监管机制设计要点

从企业管理的角度来看，企业战略选择属于企业的宏观决策。而企业的战略信息披露又属于企业的微观个体行为。对企业战略选择的引导要结合企业行业特点和企业特征分别进行，不能对所有企业采用相同的战略指引规范。目前在我国资本市场中，企业战略信息的披露可以有效缓解企业战略选择带来的经济后果，所以对企业战略信息的披露的外部监管政策应该具体化和规范化。而目前我国只有深交所提出了对企业战略信息披露指引，但在指引中只是将企业战略信息作为企业非财务信息的一部分，并没有提出针对企业战略选择和战略信息披露的专门的规范化的制度和政策。所以我国外部监管部门应该重视对企业战略选择的引导

和对企业战略信息披露的监管。具体来说，鉴于我国目前相关政策的缺失的现状，本章从以下几点探讨对企业战略选择引导和战略信息披露监管的制度建设。

首先，对企业战略选择的引导应该重视企业的行业特性。企业的行业不同，行业内部的竞争激烈程度、盈利能力以及行业发展趋势都有明显的差异。行业竞争程度是影响企业选择战略的重要因素，如定位学派就认为企业战略选择首先是行业的选择。波特教授也提出，外部环境是影响企业战略的重要因素，而行业环境对企业具有更直接的影响，所以企业最开始面临的战略决策就是行业的选择，不同行业具有不同的利润率、盈利能力和发展趋势。企业需要根据自身情况结合行业的吸引力水平选择要进入的行业，可以看出行业对企业的战略选择具有关键性的影响。而且不同行业差异化战略的绩效也明显不同。许多关于企业战略经济后果的研究都是基于行业差异进行的。尤其是基于高科技行业和非高科技行业的研究具有显著的差异。所以对企业战略选择的引导要基于企业的行业特征。因此，外部监管规范可以"分行业"进行。虽然市场具有自然优胜劣汰的机制，但是分行业的战略引导可以优化资源配置、提高资源利用效率，所以结合经济发展阶段和消费者需求变化，有针对性地制订行业战略引导计划，对整个国民经济的健康发展和社会福利水平的提高都具有关键性的作用。另外不同的行业发展周期，具有不同的战略管理重点，如企业所在行业处在成长期，一般来说企业战略外部环境变化和战略执行风险均较大。而如果处于成熟期，一般来说企业的战略变化较小，外部风险也较小。处于衰退期行业的企业，正确的战略选择就显得十分重要。企业如何有效利用原来资源进入一个具有一定盈利能力的行业并保持企业继续发展，不但是企业的个体行为，国家的政策引导和整体战略规划都会影响企业的选择和继续生存能力。

其次，对战略信息披露的监管要统一规范。企业战略信息的披露规范应该详细、规范、统一。不但是在年度财务报告中要披露企业的战略选择规划以及战略信息，而且在平时企业战略规划发生较大变化时，应该随时向外部进行披露。披露的具体内容应该包括但不限于以下几点：企业主营业务的经营情况、企业战略选择的依据、战略决策的具体规划、战略选择的优势和劣势等。企业应该建立详细的企业战略选择和规划书，以备监管部门核实企业真实战略决策和披露内容的符合度。对于披露虚假战略信息的企业，应制定相应的行政处罚政策，并结合一定的经济处罚手段。特别是由于披露战略虚假信息造成了较为严重的经济后果时，应追究相关人员的责任。

最后，企业战略选择和战略信息的披露要重视企业的个体特征。除了企业的行业特征和所处的生命周期外，应关注企业的财务特征对企业战略选择的影响。如企业的资产负债率较高的企业，由于企业本身的债务风险过高，从企业的发展来讲，不宜选择差异度过大的战略，否则会进一步增加债务人的风险。企业选择差异较大的战略，对企业的创新投入较高，这就需要企业具备一定的现金储备或者较好的融资能力。外部监管制度应该重视企业的财务状况，避免企业借由企业战略规划进行企业财务掏空和利益输送。企业性质不同，在国民经济中承担的任务也不尽相同，所以企业的战略选择和战略信息披露监管，也要重视企业的特殊性质，如国家控股的军事、前沿科技研究企业等，其战略的选择一般由国家部门进行指导。若涉及机密内容，对外部进行披露会严重损害国家利益。因此在企业战略信息监管中，要重视企业的个体特征，区别对待。

（二）企业人力资本与企业战略选择和执行的互动机制

通过前文的研究结论发现，企业高管的个体特征会显著影响企业战略差异对分析师行为的影响。这说明企业人力资本中的高级管理人员的个体特征在资本市场中具有信号传递的作用，能够显著改变资本市场参与者对企业行为选择的风险评估。所以在企业的运营中，企业人力资本与企业战略选择和执行互动机制的设计，不但有助于提高企业战略选择、执行的准确度，而且可以提高资本市场对企业战略决策的认同度。基于企业人力资本在企业战略决策中的重要性，提出以下建议：

首先，优化企业人力资本结构。随着资本市场发展速度的加快，企业外部环境变化也十分迅速。为了迅速对高速变化的外部环境做出反应，良好的企业人力资本是重要的保证机制。随着知识经济和科技时代的到来，人力资本是企业资本中重要的资本之一，对企业的运营起着关键性的作用。优化企业整体人力资本结构具有重要的意义，尤其是对企业高级人力资本结构的优化。企业人力资本中的年龄、学历和性别结构，在资本市场中具有显著的信号传递功能，所以企业应该重视人力资本结构中年龄、学历、性别等个体特征的整体优化。不但有利于企业在特定发展阶段的人才需求，而且有助于提高资本市场参与者对企业决策的信心。

其次，根据企业发展阶段和未来发展方向，及时调整和匹配相应的高级管理人员。在企业的人力资本中，高管人力资本尤为重要。在企业不同的发展阶段，对企业高管人力资本的需求也各不相同。比如，在企业的萌芽期和衰退期对较高质量的人力资本的需求一般大于企业的成长期和成熟期。因为企业所在行业的发展阶段不同，企业的战略定位也不同，对人力资本的需求也不同。因此企业应该根据企业所处行业的生命周期阶段，判断企业对人力资本的需求，并根据企业未来计划的战略方向，及时优化和调整企业的高级管理人员结构。比如，企业在行业衰退期计划进入新的行业领域，应该及时匹配具有相关行业经验的高级管理人员，以减少进入新行业的风险，提高企业进入差异较大行业成功的概率，也向资本市场传递积极的信号，确保企业战略决策的融资需求。而在企业的成熟期，对高级管理人员的调整需求一般来说较小，可以适度降低企业人力招聘的相关成本开支。

最后，对高管在战略制定和执行过程中的行为进行监管，避免高管借由企业战略规划进行关联交易、在职消费等。在我国企业的关联交易金额一直占据较高的比重，不少企业借由企业战略转型，利用关联交易对企业实施掏空行为。企业高管的在职消费行为也引发了广泛的关注。由于企业战略差异较大时，企业的外部信息环境变差，高级管理人员的这些行为被有效识别的可能性降低，会增加高管人员利用职务之便提高在职消费和进行关联交易的概率。这会影响企业正确的战略决策选择和执行力度，甚至会导致企业战略选择的失败。所以我国监管部门应该加强对企业高管人员在职消费的监管，并进一步规范企业关联交易制度。对企业战略差异较大的企业，应该注重企业高管人员在职消费和企业关联交易的合理性的监管和披露。

（三）机构投资者在企业战略选择中的治理和监督机制

从 1990 年上海证券交易所正式营业开始，我国的投资者从无到有，从最开始的散户投资者占主要地位，到后来机构投资者逐步发展壮大，并在资本市场中发挥着重要和积极的作用，所以证监会提出了“超常规发展机构投资者”[①] 的发展思路。在经历了 15 年的发展后，目前我国机构投资者已经成为资本市场重要的市场参与者，在资本市场的稳定和公司外部治理中都发挥着重要作用。企业战

① 中国证监会：《将超常规发展机构投资者》，http：//www. gmw. cn/01gmrb/2001 - 03/26/GB/03%5E18732%5E0%5EGMA4 - 216. htm，2001 年 3 月 26 日。

略选择面临的风险和收益，对机构投资者未来收益水平和收益稳定性都具有一定的影响。作为分析师重要的利益相关者，机构投资者持股可以显著地缓解企业战略差异对分析师行为的影响后果，所以积极培育我国机构投资者队伍，壮大机构投资者力量，对企业战略信息在资本市场的有效传递、降低企业信息不透明程度等，都具有积极的作用。所以我国应继续积极地推进机构投资的发展思路，在壮大机构投资者队伍的同时，提高机构投资者的持股比例、优化机构投资者队伍。基于机构投资者在企业战略对分析师行为影响中发挥的重要作用，本章提出以下建议：

首先，应继续推动发展机构投资者的战略，积极发挥机构投资者对企业战略选择、战略决策以及对分析师行为的影响作用。根据我国目前有关机构投资者的相关条例，可以通过以下优化措施从政策层面保证机构投资者的稳健发展。①在2004年制定并执行的《证券投资基金运作管理办法》中，对基金持股比例提出了上限要求，同一基金持有同一家上市公司的股份不能超过10%。虽然在2012年对该办法中相关的条例进行了修订，但是有关持股比例的上限部分依旧维持未变。我国资本市场历经十几年的发展，与21世纪初期相比，在各方面都取得了较大的进步。对于基金持股比例上限的规定，限制了机构投资者的发展，所以可以根据我国资本市场目前的发展程度以及市场对机构投资者的需求，考虑提高机构投资者的持股比例上限。不但有利于机构投资者的壮大，也有利于发挥机构投资者的外部治理和监督机制。本章的实证部分也证实，机构持股比例越高企业战略差异对分析师行为的影响作用越低。所以提高机构持股比例对资本市场的发展具有积极的作用。②逐步引入长期性机构投资者。长期性机构投资者与短期机构投资者相比，更能积极发挥外部治理和监督作用。长期性机构投资者主要是保险基金、养老基金等，这些机构投资者资金来源稳定、充足，可以积极引导其进入资本市场，在优化资金使用效率的同时，也优化我国资本市场中长期、短期机构投资者机构比例，促进资本市场的稳定发展。③完善境外机构投资者投资相关条例，适度引进优质境外投资者（QFII）。优质境外投资者能够促进我国资本市场投资者的多样化，发挥境内外投资者的互补性。

其次，制定和完善相关政策条例，引入机构投资者参与企业战略决策制定的监督机制，允许机构投资者参与企业战略决策过程以及监督战略的执行。目前我国尚没有相关政策确保机构投资者参与企业战略相关决策的权利，所以我国监管部门应鼓励上市公司积极征求机构投资者的意见，并保证机构投资者按照持股比例具有一定表决权。

（四）完善企业战略信息的披露和监管政策法规

目前我国企业战略信息仍作为企业非财务信息的一部分，并未强制要求披露。资本市场中企业自愿披露的企业战略信息的数量和质量未能满足投资者的需求，才造成了企业战略差异较大时的一系列经济后果，所以我国监管部门尽快规范企业战略信息披露方式和内容是大势所趋。

首先，规范企业战略信息披露的方式。例如在时间上是定期与季度报表或者年度报表一起披露，还是根据企业实际战略变化随时披露。和企业公司重要事项一起披露还是就企业战略信息变化单独披露。企业披露战略信息是企业官网披露、证监会公开披露还是选择新闻媒体等方式披露，都需要进行详尽的规范。

其次，规范企业战略信息披露的对象。在对企业的投资中，不同性质的投资者的投资目的不尽相同。企业战略信息披露对象的确定也尤其重要。可向全部投资者公开企业的相关战略变化信息，也可根据企业战略变化幅度，调整需要公开披露的对象。确保企业战略变化的相关信息能及时传达到利益相关的投资者。

再次，规范企业战略信息的披露内容。如企业在原行业中的地位和市场份额、行业整体发展状况，以及企业进行战略转型的动因、企业战略转型时企业资源优化配置方案、在新行业中可能面临的主要风险、应对新行业所面临风险的主要措施和手段、战略决策的人才匹配方案等。对于特殊行业或者涉及国家利益的机密信息，需要特殊的制度规范。

最后，规范未按要求披露企业战略信息的处罚机制。即使有较为完善的企业战略信息披露制度规范，若对未按要求执行的企业的处罚制度缺失，也会严重影响企业战略信息披露机制的执行力度。所以对于不披露或者虚假披露企业处罚机制的建立是十分必要的。对不披露、未按要求披露、虚假披露的企业应制定详细的处罚条例。对造成较严重经济后果、扰乱资本市场秩序的企业需要采取必要的行政手段和刑事手段。

第二节 企业战略决策内外部监管机制的制度体系和实施思路

企业战略选择、实施的内外部治理和监督机制的实施，需要完善的制度体系和清晰的实施思路，依据前文的研究，提出以下建议。

一、企业战略决策内外部监管机制的制度体系

首先，企业战略决策制度规范的制定和实施。目前除了在深交所发布《深圳证券交易所上市公司投资者关系管理指引》中，强调了包括战略信息在内的非财务信息的披露规范，还没有完善的企业战略决策和战略信息的制度规范。我国的监管部门应该重视企业战略信息在经济发展中的重要作用。在我国目前的相关法规中，增加企业战略决策相关信息的操作规范，不但有利于企业顺利实施战略决策，也有利于资本市场资源配置效率的提升。具体来说，建议尽快明确以下战略决策操作规范：①不同生命周期企业战略决策指引规范；②基于行业特征的企业战略决策指引；③基于国家发展战略的企业层面战略发展指引规范。

其次，企业战略决策过程的操作规范和流程管理。企业战略决策的选择过程是相关利益主体之间相互博弈的过程，所以规范的操作指引和流程管理是保证各利益主体权益的重要机制。对此，本书提出以下建议：①充分评估企业战略决策的可执行性以及风险性；②确保企业战略决策中企业人力资本的匹配，同时在企业战略决策中对企业高管人员的行为进行适度的约束，避免企业高管人员借由企业战略转型实施掏空行为；③规范机构投资者、中小投资者参与企业战略决策中的权利和方式；④加强企业内部监管机制，从内部规范企业战略决策行为；⑤实施与企业战略决策相关的高管薪酬激励机制，引导企业高管利益取向与企业所有者的一致性。

再次，企业战略决策信息的披露制度规范和相应的处罚条例。企业战略信息的披露，可以有效地缓解目前企业战略信息缺失造成的经济后果。提高企业信息

透明度，不但可以有效约束企业高管人员、大股东等的行为，而且可以改善企业外部投融资环境，又可以从整体上提升资本市场资源配置效率。目前我国尚没有企业战略相关的信息披露规范，所以尽快规范企业战略信息披露相关的政策法规十分必要。企业应该按照要求披露企业战略决策的相关信息，如企业战略计划、企业战略实施的依据、企业战略执行可能面临的风险和收益等。同时对于未按要求披露企业战略信息的公司的处罚机制是企业战略决策信息披露机制的重要保证。

最后，企业战略决策的新闻媒体监督和分析师关注的介入机制。在资本市场中媒体报道的作用已被证实。媒体报道有大量的关注者，能够帮助投资者迅速理清企业相关事件的始末。对企业的行为具有一定约束力，有助于改善投资者的投资决策、保护投资者的利益，所以积极引导和发挥媒体的监督作用对我国企业战略决策的外部监督具有重要意义。而分析师的预测报告、股票评级变化等也可以在资本市场中发挥积极的中介作用。根据本书的研究结论，企业战略差异较大时，分析师的关注降低。这说明目前我国分析师对企业战略差异较大的企业还持有回避的态度，分析师作为投资者的代表，分析师的关注和信息挖掘、供给对企业战略信息在资本市场的传播具有重要的作用，所以我国证券公司应该加强分析师行业经验的培训，通过组团队、跟踪行业轮换等方式，培养分析师对企业战略变化的分析能力，提高资本市场中分析师的信息供给。

二、企业战略决策内外部监管机制的运行目标和实施思路

（一）企业战略决策内外部监管机制的运行目标

企业战略决策内外部监督机制的制定、实施和完善，需要我国监管部门和企业共同努力才能有效完成。从我国目前企业战略决策内外部监管制度规范尚缺乏的现状来看，我国企业战略决策的运行目标首先应该是从监管层面制定制度、规范。其次是企业对相关制度、政策的积极响应。作为新的内外部监管制度规范，需要根据普通法规制度的一般运行规律。企业战略决策相关制度规范应该从“严”开始，完善战略决策披露监管制度的同时，违反处罚规范也应该同时制定和实施。根据资本市场的发展，不断调整企业战略决策相关信息的披露和监管。在相关制度规范逐步成熟，企业披露战略决策相关信息意识加强以后，可以由第三方介入企业的战略决策披露的监督，例如由会计师事务所对企业战略决策信息

披露的质量和数量进行审计，并给出审计结论，供市场投资者使用。在企业战略决策信息披露相对规范时，对于未按照相关制度进行披露的企业，除了有相关的处罚规范外，在资本市场中投资者也会做出投资决策，从企业的融资角度给予外部压力和监管。

（二）企业战略决策内外部监管机制的实施思路

根据本章的分析，对企业战略决策内、外部监管机制的实施思路可大致概括为：首先是相关制度和规范的制定，要做到制度、规范可操作性强；其次是外部监管的强制性，要保证制度规范的执行到位；再次是相应的处罚机制并行，保证相关制度规范的威慑力；最后是第三方监督机制的引入，增加企业外部监管力量。

具体来说，我国监管部门首先需要重视企业战略信息披露在资本市场中的重要性，结合我国目前现有的制度规范，并进行充分调研。制定和实施可操作性强的企业战略决策信息披露和监管的制度规范。缓解和消除由于企业战略信息披露不足造成的资本市场信息透明度下降而引发的一系列经济后果。外部监管从修改《公司法》《公司治理准则》等法规开始，联合机构投资者、大股东等外部监督力量，并积极发挥审计师、分析师、新闻媒体的积极作用。从内部完善企业高管薪酬与企业战略决策联动机制，促进企业战略决策内部治理机制完善。从内外部两个方面重塑企业战略决策的约束机制。从而实现在资本市场中，企业战略信息的充分披露，降低由于企业战略差异导致的各种经济后果。

第三节　证券公司应对企业战略风险制度设计

根据已有研究成果，目前分析师负责投资组合的公司一般处在相同或者相似的行业。在实务中，分析师一般负责的行业是由证券公司进行指定，在指定的行业中选择投资组合，发布相关的行业报告以及行业内关注较为优质的企业进行跟踪报道。分析师工作岗位职责主要有三部分：宏观经济和行业分析、上市公司财务分析以及投资分析。宏观经济和行业分析为分析师进行财务和投资分析提供基础和出发点。而且由于宏观经济和行业分析所需的信息较多，需要分析师具有较强的信息收集、解读和分析能力，也需要分析师积累较多的行业知识和经验，所以证券公司将分析师负责投资组合行业最小化，符合成本效益原则。而企业战略选择一旦偏离了行业常规战略，将偏离分析师的最优策略选择，所以会导致对分析师的关注降低、预测质量下降以及较为不乐观的态度。针对目前证券公司任务分配制度，本书尝试从以下几个方面提出建议，希望能够改善目前企业战略差异对分析师行为影响的经济后果。

一、加强分析师行业知识培训

证券公司应该定期进行行业知识培训。虽然分析师将较多地精力放在一个或者相关的几个行业中，较符合资源优化配置的原则，但是一旦某个行业进入衰退期，行业内的大多数公司将面临转型，分析师的最优化投资组合将不复存在。所以定期进行行业知识培训，不但可以增加分析师对行业发展趋势的把握，而且有助于分析师提前做好行业知识储备。在企业战略发生较大变化时，能够及时利用跨行业知识进行分析和预测。或者在一个行业没落时，能够顺利进入新的行业开展相关工作。因此，在证券公司内部定期进行不同行业知识的培训，从长期来看，将有利于分析师职业发展以及证券公司声誉的提升。

二、积极引导分析师团队协作

以分析师团队协作的形式降低由于企业战略偏离给分析师行为带来的影响。目前我国分析师“团队负责制”越来越多，但是分析师团队的结构有待优化。较多的分析师团队是经验较多的分析师与经验不足的分析师进行组合，主要发挥“老带新”的作用。但是随着企业竞争环境的变化，分析师团队的作用不应该仅限于培养新人。应该注重不同行业背景分析师的互相配合，在企业战略偏离较大时，可以通过团队协作的方式判断企业战略决策的风险点。所以调整分析师团队结构，积极引导分析师团队协作，发挥团队合作的作用，将有助于我国分析师在面临企业战略转型时预测绩效的提高。

三、重视企业战略风险信息提示

根据本书的研究结果，企业战略差异较大时分析师的预测质量较低，而且会出现一定的“羊群效应”，造成分析师之间的预测偏误并不是很大。这说明目前我国分析师对企业战略决策信息的解读和预测能力不强。企业战略信息作为非强制性披露的信息，需要消耗分析师较多的精力去获取战略相关的私有信息。分析师的预测质量较差，这说明我国分析师对企业的战略信息挖掘尚不足。而分析师之间的“羊群效应”说明分析师在对待战略差异较大的企业，有明显的简单模仿他人行为决策的倾向。所以证券公司应该注重企业战略风险信息提示，积极引导分析师重视企业战略决策对企业未来业绩的影响，鼓励分析师深入挖掘企业战略决策相关的私有信息，提高分析师的预测绩效。

四、鼓励分析师继续深造

随着全球经济的不断融合，不但是企业需要应对瞬息万变的外部环境以及具备预测市场需求的能力。同样资本市场中竞争的不断加剧，也需要分析师拥有更专业的能力和更深厚的知识储备。不少研究也证明，分析师的学历可以有效地提高分析师的预测质量。而目前我国分析师平均学历还较低，有较高的待提升空间，所以证券公司应该鼓励分析师参加继续再教育，不断提升分析师的专业知识储备、逻辑判断能力、金融技术感知能力以及金融技术动态敏感度等。

五、优化分析师队伍结构

随着社会文明的不断发展和进步，女性在资本市场中发挥着越来越重要的作用，在分析师队伍中大概有 25% 的女性分析师。已有研究表明，与男性分析师相比，女性分析师预测质量较高。因为女性分析师更加谨慎、风险意识较强、具有较低的过度自信风险，而且更加努力，留学比重更大等。女性分析师对资本市场效率的提升具有显著的作用。所以证券公司可以增加分析师队伍中女性分析师的比重，以便发挥女性分析师的积极作用。而证券监管相关部门也应该积极地鼓励证券公司重视选拔和聘任更多的女性分析师。

六、建立健全分析师激励机制

与资本较为发达的国家相比，我国的资本市场起步较晚，各项法律法规尚不健全。市场中投资者的投机心理较为严重。分析师作为重要的信息中介应该积极发挥信息解读和传播功能，提高资本市场的资源配置效率。但遗憾的是，虽然我国分析师职业经历了近几年的快速发展，但是我国分析师队伍依然具有较大的待发展空间。不少研究表明，目前分析师尚不能完全独立、有效地发挥信息中介职能。分析师职业的发展，需要完善的内部外制度的监督和指导。证券公司制定合理有效的激励机制，引导分析师积极的适度竞争，是保证分析师绩效提升的重要内部机制。

研究结论、启示与展望

本书主要对我国企业战略差异对分析师关注行为、分析师预测准确度以及分析师乐观偏差的影响进行了理论推理和实证检验分析。根据实证证据和影响机制提出了相应的政策建议。在本部分将对全书主要研究内容进行总结，包括本书的研究结论及启示、未来研究的展望两部分。

一、研究结论及启示

本书主要研究了企业战略差异对分析师关注行为、分析师预测质量以及分析师乐观偏差的影响。首先，研究了企业战略差异对分析师关注行为的影响，并分析企业战略差异对分析师关注行为影响的作用机制和治理机制。其次，研究了企业战略差异对分析师预测质量的影响，主要是企业战略差异对分析师预测准确度的影响，并对企业战略差异对分析师预测分歧度的影响进行简单的阐述和推理。最后，在验证了企业战略差异对分析师预测质量的影响后，进一步推理和检验企业战略差异对分析师预测影响的方向性问题，以判断分析师对企业偏离行业常规战略较大的企业是否乐观的态度问题。本书的主要研究结论有：

第一，随着企业战略差异度的增加，分析师对企业的关注行为会发生显著的变化，主要体现在企业战略差异度越大分析师的关注越低。因为较大的企业战略差异度会增加企业业绩的不确定性、降低企业的信息透明度。这都将影响分析师对企业的关注行为，而企业的高管特征（年龄、学历、性别）可以显著地改善企业战略差异度对分析师关注行为的影响。同时企业主要特征（企业性质、企业年龄）对两者的关系也有显著的调节作用。机构投资者作为影响分析师行为的重要利益相关，对分析师的行为具有显著的影响。本书发现随着机构持股比例的增加，企业战略差异对分析师的关注行为的影响逐步缓解。分析师的个人特征和所在券商的特征也会对两者的关系产生影响。

第二，企业战略差异度越高，分析师预测偏误越大，即预测准确度越低、预测质量越差。企业战略差异度越大，企业的经营风险越大，从而导致企业盈余的持续性和可预测性降低，会显著降低分析师的预测质量。企业战略差异度越大，企业的信息不对称程度越高，增加了分析师获取信息的成本和进行预测的难度，不利于分析师预测质量的提高。依据成本收益原则，分析师跟踪的投资组合一般处于相同或者相似的行业。投资组合中公司的信息可以发挥信息溢价作用。一旦公司偏离行业常规战略，这种信息溢价作用将会减弱，分析师需要消耗更多时间和精力收集差异度较大企业的相关信息。这增加了分析师的信息收集成本，可能导致分析师预测质量的下降。对战略差异影响分析师预测质量的作用机制进行了检验，研究发现企业战略差异可以通过企业经营风险的加大、信息不对称程度的增加对分析师预测质量产生影响。此外还研究了机构持股对战略差异度与分析师预测质量之间关系的影响。随着机构持股比例的增加，企业战略差异度对分析师预测偏误的影响逐步加强。分析师的工作经验和所在券商的大小可以有效缓解企业战略差异度对分析师预测业绩的影响。同时本书对企业战略差异度对分析师预测分歧度的影响进行了简单的推理和验证，暂没有发现企业战略差异度对分析师的预测分歧度具有显著影响的证据。可能的原因是分析师之间“羊群效应”的存在，导致虽然企业战略差异度越大分析师的预测越不准确，但是分析师之间的预测分歧度却不是很大。

第三，企业战略差异度越大，分析师对企业的预测越不乐观。企业战略差异度越大，企业的经营风险越大，企业的盈利能力不能得到有效的保证，会显著影响分析师预测的乐观性。对于这一现象可以利用心理学理论进行分析。随着企业战略差异度的增加，分析师对企业的熟悉程度降低，基于心理学模糊厌恶理论，分析师更倾向于对战略差异较大的企业做出负面的评价。在进一步研究中，首先对战略差异影响分析师乐观偏差的作用机制进行了检验，研究发现企业战略差异可以通过企业收益波动加大影响分析师的乐观偏差。其次研究了机构持股对战略差异度与分析师乐观偏差关系的影响。研究发现机构投资者作为分析师重要的利益相关者，对两者的关系具有显著的调节作用。具体体现在，随着机构持股比例的增加，企业战略差异度对分析师预测乐观偏差的影响逐步减弱。最后研究了分析师性别特征在企业战略差异度对分析师乐观偏差影响关系中的差异。研究发现在一定的战略差异度水平下，与男性分析师相比，女性分析师对企业的预测更不乐观。

二、研究局限及展望

本书主要对企业战略差异与分析师关注行为、预测质量以及乐观偏差的关系进行了理论分析和实证验证。尝试丰富企业宏观层面战略选择经济后果以及分析师行为影响因素的研究成果，并试图理清企业战略差异影响分析师行为的作用机制、治理机制，以及会对两者关系产生影响的因素进行较为完善的推理和分析。但由于笔者的研究能力有待进一步提高且研究时间的限制，本书还有以下不足之处：①企业战略信息目前尚属于企业的非强制性披露信息，所以有关上市企业战略信息是否披露以及披露的是否充分、及时，目前还没有较为权威的数据，所以本书未考虑企业战略信息是否披露以及披露质量和数量对分析师行为的影响。②目前对企业战略的研究中，对战略的定义还有其他分类标准，如划分为保守型战略、稳健型战略、激进型战略等。鉴于篇幅的限制，本书没有从这个角度研究企业战略对分析师行为的影响。③目前我国尚未制定健全的企业战略指引和信息披露政策，由于研究能力限制，本书未能提出操作性较强、可直接使用的政策建议可供监管部门借鉴。本书研究的不足之处和局限性，是笔者继续进行深入研究的方向和突破点，笔者将会对企业战略差异的经济后果以及战略政策的制定继续进行深入的研究。

参考文献

[1] Altinkilic O., Balashov V. S., Hansen R. S., Evidence That Analysts are Not Important Information – Intermediaries, *Ssrn Electronic Journal*, 9, 2009.

[2] Amiram D., Owens E., Rozenbaum O., Do Information Releases Increase or Decrease Information Asymmetry? New Evidence from Analyst Forecast Announcements, *Journal of Accounting and Economics*, 62 (1), 2016.

[3] Anantharaman D., Zhang Y., Cover Me: Managers' Responses to Changes in Analyst Coverage in the Post – Regulation FD Period, *The Accounting Review*, 86 (6), 2011.

[4] Andrews K., *The Concept of Corporate Strategy*, Homewood, IL: Irwin, 1971.

[5] Arend R. J., Zhao Y. L., Song M., et al., Strategic Planning as a Complex and Enabling Managerial Tool, *Strategic Management Journal*, 38 (8), 2017.

[6] Asay H. S., Libby R., Rennekamp K., Firm Performance, Reporting Goals, and Language Choices in Narrative Disclosures, *Journal of Accounting and Economics*, 65 (2 – 3), 2018.

[7] Ayers B. C., Call A. C., Schwab C. M., Do Analysts' Cash Flow Forecasts Encourage Managers to Improve the Firm's Cash Flows? Evidence from Tax Planning, *Contemporary Accounting Research*, 35 (2), 2018.

[8] Baik B., Farber D. B., Lee S. S., CEO Ability and Management Earnings Forecasts, *Contemporary Accounting Research*, 28 (5), 2011.

[9] Barron O. E., Byard D., Yu Y., Earnings Announcement Disclosures and

Changes in Analysts' Information, *Contemporary Accounting Research*, 34 (1), 2017.

[10] Barron O. E., Byard C. Kile and E. Riedl, High - Technology Intangibles and Analysts Forcest, *Journal of Accounting Research*, 40 (2), 2001.

[11] Barth M., W Beaver, W. Landsman, Relative Valuation Roles of Equity Book Value and Net Incomeas a Function of Financial Health, *Journal of Accounting and Economics*, 1, 1998.

[12] Barua A, Davidson L F, Rama D V, CFO Gender and Accruals Quality. Accounting Horizons, 24 (1), 2010.

[13] Batta G. E., Qiu J., Yu F., Credit Derivatives and Analyst Behavior, *The Accounting Review*, 91 (5), 2016.

[14] Beatriz Cuellar Fernández, Yolanda Fuertes Callén, José Antonio Laínez Gadea. Stock Price Reaction to Non - financial News in European Technology Companies, *European Accounting Review*, 20 (1), 2011.

[15] Bentley J. W., Christensen T. E., Gee K. H., et al., Disentangling Managers' and Analysts' Non - GAAP Reporting, *Journal of Accounting Research*, 56 (4), 2018.

[16] Bentley K. A., Omer T. C., Sharp N. Y., Business Strategy, Financial Reporting Irregularities, and Audit Effort, *Contemporary Accounting Research*, 30 (2), 2013.

[17] Beyer A., Guttman I., The Effect of Trading Volume On Analysts' Forecast Bias, *The Accounting Review*, 86 (2), 2011.

[18] Bloomfield R., Hodge F., Hopkins P., et al., Does Coordinated Presentation Help Credit Analysts Identify Firm Characteristics?, *Contemporary Accounting Research*, 32 (2), 2015.

[19] Bozanic Z., Roulstone D. T., Van Buskirk A., Management Earnings Forecasts and Other Forward - Looking Statements, *Journal of Accounting and Economics*, 65 (1), 2018.

[20] Bozanic Z., Thevenot M., Qualitative Disclosure and Changes in Sell - Side Financial Analysts' Information Environment, *Contemporary Accounting Research*,

32 (4), 2015.

[21] Bradley D., Gokkaya S., Liu X. I., Before an Analyst Becomes an Analyst: Does Industry Experience Matter?, *The Journal of Finance*, 72 (2), 2017.

[22] Bradley D., Clarke J., Lee S., et al., Are Analysts' Recommendations Informative? Intraday Evidence on the Impact of Time Stamp Delays, *The Journal of Finance*, 69 (2), 2014.

[23] Bradley D., Gokkaya S., Liu X., et al., Are All Analysts Created Equal? Industry Expertise and Monitoring Effectiveness of Financial Analysts, *Journal of Accounting and Economics*, 63 (2-3), 2017.

[24] Bradshaw M. T., Discussion of "Analysts' Industry Expertise", *Journal of Accounting and Economics*, 54 (2-3), 2012.

[25] Bratten B., Gleason C. A., Larocque S. A., et al., Forecasting Taxes: New Evidence from Analysts, *The Accounting Review*, 92 (3), 2017.

[26] Brav A., Lehavy R., An Empirical Analysis of Analysts' Target Prices: Short-term Informativeness and Long-term Dynamics, *The Journal of Finance*, 58 (5), 2003.

[27] Bricker R., Previts G., Robinson T., et al., Financial Analyst Assessment of Company Earnings Quality, *Journal of Accounting Auditing & Finance*, 10 (10), 1995.

[28] Brochet F., Miller G. S., Srinivasan S., Do Analysts Follow Managers Who Switch Companies? An Analysis of Relationships in the Capital Markets, *The Accounting Review*, 89 (2), 2014.

[29] Brooke Elliott W., Discussion of "Does Coordinated Presentation Help Credit Analysts Identify Firm Characteristics?", *Contemporary Accounting Research*, 32 (2), 2015.

[30] Brown L. D., Call A. C., Clement M. B., et al., Inside the "Black Box" of Sell-Side Financial Analysts, *Journal of Accounting Research*, 53 (1), 2015.

[31] Brown L. D., Call A. C., Clement M. B., et al., The Activities of Buy-Side Analysts and the Determinants of their Stock Recommendations, *Journal of Ac-*

counting and Economics, 62 (1), 2016.

[32] Brown L. D., Larocque S., I/B/E/S Reported Actual EPS and Analysts' Inferred Actual EPS, *The Accounting Review*, 88 (3), 2013.

[33] Byard D., Li Y., Yu Y., The Effect of Mandatory IFRS Adoption on Financial Analysts' Information Environment, *Journal of Accounting Research*, 49 (1), 2011.

[34] Call A. C., Chen S., Tong Y. H., Are Analysts' Cash Flow Forecasts Naïve Extensions of their Own Earnings Forecasts?, *Contemporary Accounting Research*, 30 (2), 2013.

[35] Cao Z., Narayanamoorthy G. S., The Effect of Litigation Risk On Management Earnings Forecasts, *Contemporary Accounting Research*, 28 (1), 2011.

[36] Carpenter M. A., The Price of Change: The Role of CEO Compensation in Strategic Variation and Deviation From Industry Strategy Norms, Journal of Management, 26 (6), 2000.

[37] Chakravarthy J., Dehaan E., Rajgopal S., Reputation Repair After a Serious Restatement, *The Accounting Review*, 89 (4), 2014.

[38] Chandler A., *Strategy and Structure: Chapters in the History of the American Industrial Enterprise*, Cambridge, MA: MIT Press, 1962.

[39] Chang H. S., Donohoe M., Sougiannis T., Do Analysts Understand the Economic and Reporting Complexities of Derivatives?, *Journal of Accounting and Economics*, 61 (2-3), 2016.

[40] Chen C., Collins D. W., Kravet T. D., et al., Financial Statement Comparability and the Efficiency of Acquisition Decisions, *Contemporary Accounting Research*, 35 (1), 2018.

[41] Chen N. X., Chiu P., Shevlin T., Do Analysts Matter for Corporate Tax Planning? Evidence from a Natural Experiment, *Contemporary Accounting Research*, 35 (2), 2018.

[42] Chen T., Martin X., Do Bank-Affiliated Analysts Benefit From Lending Relationships?, *Journal of Accounting Research*, 49 (3), 2011.

[43] Chetty R., Sándor L., Szeidl A., The Effect of Housing On Portfolio

Choice, *The Journal of Finance*, 72 (3), 2017.

[44] Choi B., Jung K., Lee D., Trading Behavior Prior to Public Release of Analyst Reports: Evidence from Korea, *Contemporary Accounting Research*, 32 (1), 2015.

[45] Choi J., Choi S., Myers L. A., Ziebart D., Financial Statement Comparability and the Informativeness of Stock Prices About Future Earnings, Wiley Online Library, 2018-07-17.

[46] Clement M. B., Hales J., Xue Y., Understanding Analysts' Use of Stock Returns and Other Analysts' Revisions When Forecasting Earnings, *Journal of Accounting and Economics*, 51 (3), 2011.

[47] Clement M. B., Understanding Analysts' Use of Stock Returns and Other Analysts' Revisions When Forecasting Earnings, *Journal of Accounting and Economics*, 51 (3), 1999.

[48] Corwin S. A., Larocque S. A., Stegemoller M. A., Investment Banking Relationships and Analyst Affiliation Bias: The Impact of the Global Settlement on Sanctioned and Non-sanctioned Banks, *Journal of Financial Economics*, 124 (3), 2017.

[49] Crawford S. S., Roulstone D. T., So E. C., Analyst Initiations of Coverage and Stock Return Synchronicity, *The Accounting Review*, 87 (5), 2012.

[50] Dambra M., Field L. C., Gustafson M. T., et al., The Consequences to Analyst Involvement in the IPO Process: Evidence Surrounding the JOBS Act, *Journal of Accounting and Economics*, 65 (2-3), 2018.

[51] Das S., Sen P. K., Sengupta S., Impact of Strategic Alliances On Firm Valuation, *Academy of Management Journal*, 41 (1), 1998.

[52] De Franco G., Hope O., Vyas D., et al., Analyst Report Readability, *Contemporary Accounting Research*, 32 (1), 2015.

[53] De Franco G., Vasvari F. P., Vyas D., et al., Debt Analysts' Views of Debt-Equity Conflicts of Interest, *The Accounting Review*, 89 (2), 2014.

[54] Dechow P. M., Hutton A. P. and Sloan R. G., The Relation between Analysts' Forecasts of Long-Term Earnings Growth and Stock Price Performance Following Equity Offerings, *Contemporary Accounting Research*, 17 (1), 2000.

[55] Dechow P. M., You H., Analysts' Motives for Rounding EPS Forecasts, *The Accounting Review*, 87 (6), 2012.

[56] Deephouse D. L., To Be Different, or To Be the Same? It's a Question (and Theory) of Strategic Balance, *Strategic Management Journal*, 20 (2), 2015.

[57] Defond M. L., Hung M., An Empirical Analysis of Analysts' Cash Flow Forecasts, *Journal of Accounting & Economics*, 35 (1), 2003.

[58] Desai H., C. Hogan, and M. Wilkins, The Information Content of Dividend Changes: cash Fiow Signaling, Overinvestment, and Dividend Clienteles, *Journal of Financial and Quantitative Analysis*, 29, 1994.

[59] Dhaliwal D. S., Radhakrishnan S., Tsang A., et al., Nonfinancial Disclosure and Analyst Forecast Accuracy: International Evidence on Corporate Social Responsibility Disclosure, *The Accounting Review*, 87 (3), 2012.

[60] Dimaggio P. J., Powell Walter W., The Iron Cage Revisited: Institutional Isomorphism and Collective Rationality in Organizational Fields, *American Sociological Review*, 48 (2), 1983.

[61] Donna J. Kelley, Candida G. Brush, Patricia Greene, Yana Litovsky, The Global Entrepreneurship Monitor: 2010 Women's Report, Wellesley, MA: Babson College & GERA, 2011.

[62] Doyle J. T., Jennings J. N., Soliman M. T., Do Managers Define non-GAAP Earnings to Meet or Beat Analyst Forecasts?, *Journal of Accounting and Economics*, 56 (1), 2013.

[63] Drake M. S., Rees L., Swanson E. P., Should Investors Follow the Prophets or the Bears? Evidence on the Use of Public Information by Analysts and Short Sellers, *The Accounting Review*, 86 (1), 2011.

[64] Driskill M., Kirk M., Tucker J. W., Earnings Announcement Clustering and Analyst Forecast Behavior, *Social Science Electronic Publishing*, 1, 2016.

[65] Ecker F., Schipper K., Discussion of "Analysts' Cash Flow Forecasts and the Decline of the Accruals Anomaly" and "Analysts' Cash Flow Forecasts and Accrual Mispricing", *Contemporary Accounting Research*, 31 (4), 2014.

[66] Eisenhardt K. M., Brown S. L., Competing on the Edge: Strategy as

Structured Chaos, *Long Range Planning*, 31 (5), 1998.

[67] Elliott W. B., Hobson J. L., Jackson K. E., Disaggregating Management Forecasts to Reduce Investors' Susceptibility to Earnings Fixation, *The Accounting Review*, 86 (1), 2011.

[68] Evans M. E., Njoroge K., Yong K. O., An Examination of the Statistical Significance and Economic Relevance of Profitability and Earnings Forecasts from Models and Analysts, *Contemporary Accounting Research*, 34 (3), 2017.

[69] Filzen J. J., Peterson K., Financial Statement Complexity and Meeting Analysts' Expectations, *Contemporary Accounting Research*, 32 (4), 2015.

[70] Firth M., Lin C., Liu P., et al., The Client is King: Do Mutual Fund Relationships Bias Analyst Recommendations?, *Journal of Accounting Research*, 51 (1), 2013.

[71] Geletkanycz M. A., Hambrick D. C., The External Ties of Top Executives: Implications for Strategic Choice and Performance, Administrative Science Quarterly, 42 (4), 1997.

[72] Gilson S. C., Healy P. M., Noe C. F., Palepu, K. G., Analyst Specialization and Conglomerate Stock Breakups, *Journal of Accounting Research*, 2001, 39 (3): 565-582.

[73] Gleason C. A., Lee C. M. C., Analyst Forecast Revisions and Market Price Discovery. *Accounting Review*, 78 (1), 2003.

[74] Goodman T. H., Neamtiu M., Shroff N., et al., Management Forecast Quality and Capital Investment Decisions, *The Accounting Review*, 89 (1), 2014.

[75] Grant J., Bricker R. J., Fogarty T. J., et al., Complexity and Analyst Following of Multinational Firms, *Ssrn Electronic Journal*, 1, 2000.

[76] Gu Z., Li Z., Yang Y. G., Monitors or Predators: The Influence of Institutional Investors on Sell-Side Analysts, *The Accounting Review*, 88 (1), 2013.

[77] Hambrick D. C., The Influence of the Best Management Team Characteristics on Enterprise Competitive Behavior, Academy of Management Annual Meeting Proceedings, 1, 1994.

[78] Han B., Kong D., Liu S., Do Analysts Gain an Informational Advantage

by Visiting Listed Companies?, *Contemporary Accounting Research*, 10, 2017.

[79] Hansen R. S., What is the Value of Sell – Side Analysts? Evidence From Coverage Changes – a Discussion, *Journal of Accounting and Economics*, 60 (2–3), 2015.

[80] Hashim N. A., Strong N. C., Do Analysts' Cash Flow Forecasts Improve their Target Price Accuracy?, *Contemporary Accounting Research*, 35 (4), 2017.

[81] Healy P. M., Hutton A. P., Palepu K. G., Stock Performance and Intermediation Changes Surrounding Sustained Increases in Disclosure, Contemporary Accounting Research, 16 (3), 1999.

[82] Hennes K. M., Leone A. J., Miller B. P., Determinants and Market Consequences of Auditor Dismissals after Accounting Restatements, *The Accounting Review*, 89 (3), 2014.

[83] Hilary G., Hsu C., Endogenous Overconfidence in Managerial Forecasts, *Journal of Accounting and Economics*, 51 (3), 2011.

[84] Hilary G., Shen R., The Role of Analysts in Intra – Industry Information Transfer, *The Accounting Review*, 88 (4), 2013.

[85] Hirshleifer D., Hsu P. H., Li D., Innovative Efficiency and Stock Returns, *Journal of Financial Economics*, 107 (3), 2013.

[86] Hirshleifer D., Low A., Teoh S. H., Are Overconfident CEOs Better Innovators?, *The Journal of Finance*, 67 (4), 2012.

[87] Hoberg G., Phillips G., Prabhala N., Product Market Threats, Payouts, and Financial Flexibility, *The Journal of Finance*, 69 (1), 2014.

[88] Hong, Harrison, Kubik, et al., Security Analysts' Career Concerns and Herding of Earnings Forecasts, *Journal of Economics*, 21 (3), 2000.

[89] Hribar P., Yang H., CEO Overconfidence and Management Forecasting, *Contemporary Accounting Research*, 33 (1), 2016.

[90] Hua F. L., Sterling H., Gender and Connections among Wall Street Analysts, *Review of Financial Studies*, 30 (9), 2015.

[91] Huang J., Kisgen D. J., Gender and Corporate Finance: Are Male Executives Overconfident Relative to Female Executives?, Journal of Financial Economics,

108 (3), 2013.

[92] Huang R., Krishnan M. M., Shon J., et al., Who Herds? Who Doesn't? Estimates of Analysts' Herding Propensity in Forecasting Earnings, *Contemporary Accounting Research*, 34 (1), 2017.

[93] Hutton A. P., Leelf Shu S. Z., Do Managers Always Know Better? The Relative Accuracy of Management and Analyst Forecast, *Journal of Accounting Research*, 50 (5), 2012.

[94] Hutton A. P., Marcus A. J., Tehranian H., Opaque Financial Reports, R2, and Crash Risk, *Journal of Financial Economics*, 94 (1), 2009.

[95] Itami H., *Mobilizing Invisible Assets*, Cambridge: Harvard University Press, 1987.

[96] Jacob J., Lys T. Z., Neale M. A., Expertise in Forecasting Performance of Security Analysts [J]. *Journal of Accounting & Economics*, 28 (1), 1999.

[97] Jin L., Myers S. C., R2 Around the World: New Theory and New Tests, *Journal of Financial Economics*, 79 (2), 2006.

[98] Joanne, Horton, Serafeim, et al., Career Concerns of Banking Analysts, Working Papers, 2017.

[99] Jorgensen B., Li J., Sadka G., Earnings Dispersion and Aggregate Stock Returns, *Journal of Accounting and Economics*, 53 (1-2), 2012.

[100] Jung B., Shane P. B., Sunny Yang Y., Do Financial Analysts' Long-Term Growth Forecasts Matter? Evidence From Stock Recommendations and Career Outcomes, *Journal of Accounting and Economics*, 53 (1-2), 2012.

[101] Jung M. J., Wong M. H. F., Zhang X. F., Analyst Interest as an Early Indicator of Firm Fundamental Changes and Stock Returns, *The Accounting Review*, 90 (3), 2015.

[102] Kadan O., Madureira L., Wang R., et al., Analysts' Industry Expertise, *Journal of Accounting and Economics*, 54 (2-3), 2012.

[103] Kirk M. P., Markov S., Come On Over: Analyst/Investor Days as a Disclosure Medium, *The Accounting Review*, 91 (6), 2016.

[104] Kirk M. P., Reppenhagen D. A., Tucker J. W., Meeting Individual

Analyst Expectations, *The Accounting Review*, 89 (6), 2014.

[105] Kross W. J., Suk I., Does Regulation FD Work? Evidence from Analysts' Reliance on Public Disclosure, *Journal of Accounting and Economics*, 53 (1-2), 2012.

[106] Laksmana I., Yang Y. W., Corporate Citizenship and Earnings Attributes, *Advances in Accounting Incorporating Advances in International Accounting*, 25 (1), 2009.

[107] Lawrence A., Ryans J. P., Sun E. Y., Investor Demand for Sell-Side Research, *The Accounting Review*, 92 (2), 2017.

[108] Lawrence A., Siriviriyakul S., Sloan R. G., Who's the Fairest of them All? Evidence from Closed-End Funds, *The Accounting Review*, 91 (1), 2016.

[109] Lee E., Strong N., Zhu Z. J., Did Regulation Fair Disclosure, SOX, and Other Analyst Regulations Reduce Security Mispricing?, *Journal of Accounting Research*, 52 (3), 2014.

[110] Lee L. F., Lo A. K., Do Opinions on Financial Misstatement Firms Affect Analysts' Reputation with Investors? Evidence From Reputational Spillovers, *Journal of Accounting Research*, 54 (4), 2016.

[111] Lee S. S., Matsunaga S. R., Park C. W., Management Forecast Accuracy and CEO Turnover, *The Accounting Review*, 87 (6), 2012.

[112] Lee S. S., Pandit S., Willis R. H., Equity Method Investments and Sell-Side Analysts' Information Environment, *The Accounting Review*, 88 (6), 2013.

[113] Lehavy R., Li F., Merkley K., The Effect of Annual Report Readability on Analyst Following and the Properties of their Earnings Forecasts, *The Accounting Review*, 86 (3), 2011.

[114] Li K. K., You H., What is the Value of Sell-Side Analysts? Evidence From Coverage Initiations and Terminations, *Journal of Accounting and Economics*, 60 (2-3), 2015.

[115] Liang L., Riedl E. J., The Effect of Fair Value Versus Historical Cost Reporting Model on Analyst Forecast Accuracy, *The Accounting Review*, 89 (3),

2014.

[116] Lieberman M. B., Lee G. K., Folta T. B., Entry, Exit, and the Potential for Resource Redeployment, *Strategic Management Journal*, 38 (3), 2017.

[117] Liu X. G., Natarajan R., The Effect of Financial Analysts' Strategic Behavior on Analysts' Forecast Dispersion, *The Accounting Review*, 87 (6), 2012.

[118] Lo K., Ramos F., Rogo R., Earnings Management and Annual Report Readability, *Journal of Accounting and Economics*, 63 (1), 2017.

[119] Lobo G. J., Song M., Stanford M. H., The Effect of Analyst Forecasts During Earnings Announcements on Investor Responses to Reported Earnings, *The Accounting Review*, 92 (3), 2017.

[120] Mangen C., Discussion of "Are Analysts' Cash Flow Forecasts Naïve Extensions of their Own Earnings Forecasts?", *Contemporary Accounting Research*, 30 (2), 2013.

[121] Matsumoto D., Pronk M., Roelofsen E., What Makes Conference Calls Useful? The Information Content of Managers' Presentations and Analysts' Discussion Sessions, *The Accounting Review*, 86 (4), 2011.

[122] Mcinnis J., Collins D. W., The Effect of Cash Flow Forecasts on Accrual Quality and Benchmark Beating, *Journal of Accounting and Economics*, 51 (3), 2011.

[123] Mclean R. D., Pontiff J., Does Academic Research Destroy Stock Return Predictability?, *The Journal of Finance*, 71 (1), 2016.

[124] Mclean R. D., Zhang T., Zhao M., Why Does the Law Matter? Investor Protection and its Effects on Investment, Finance, and Growth, *The Journal of Finance*, 67 (1), 2012.

[125] McNichols and O'Brien, Self - selection and Analyst Coverage, *Journal of Accounting Research*, 35 (2), 1997.

[126] Menon A. R., Yao D. A., Elevating Repositioning Costs: Strategy Dynamics and Competitive Interactions, *Strategic Management Journal*, 38 (10), 2017.

[127] Merkley K., Michaely R., Pacelli J., Does the Scope of the Sell - Side Analyst Industry Matter? An Examination of Bias, Accuracy, and Information Content of

Analyst Reports, *The Journal of Finance*, 72 (3), 2017.

[128] Meyer J. W. , Rowan B. , Institutionalized Organizations: Formal Structure as Myth and Ceremony, *American Journal of Sociology*, 83 (2), 1977.

[129] Michael A. Hitt, David G. Sirmon, Contingencies Within Dynamic Managerial Capabilities: Interdependent Effects of Resource Investment and Deployment on Firm Performance, *Strategic Management Journal*, 30 (13), 2009.

[130] Michaely R. , Womack K. L. , Conflict of Interest and the Credibility of Underwriter Analyst Recommendations, *Review of Financial Studies*, 12, 1999.

[131] Miles R. E. , Snow C. C. , *Organizational Strategy*, *Structure*, *and Process*, New York: McGraw Hill, 1978.

[132] Mohanram P. S. , Analysts' Cash Flow Forecasts and the Decline of the Accruals Anomaly, *Contemporary Accounting Research*, 31 (4), 2014.

[133] Mola S. , Rau P. R. , Khorana A. , Is there Life after the Complete Loss of Analyst Coverage?, *The Accounting Review*, 88 (2), 2013.

[134] Muslu V. , Rebello M. , Xu Y. , Sell – Side Analyst Research and Stock Comovement, *Journal of Accounting Research*, 52 (4), 2014.

[135] Nahtan Dugar, The Effect of Investment Banking Relationships on Financial Analysts' Eamings Forecasts and Investment Recommendations. Contemporary Accounting Research, 12 (1), 1995.

[136] O'Brien P. C. , Tan H. , Geographic Proximity and Analyst Coverage Decisions: Evidence From IPOs, *Journal of Accounting and Economics*, 59 (1), 2015.

[137] Piotroski J. D. , Roulstone D. T. , The Influence of Analysts, Institutional Investors, and Insiders on the Incorporation of Market, Industry, and Firm – specific Information into Stock Prices, *The Accounting Review*, 79 (4), 2004.

[138] Porac J. F. , Baden – Fuller C. , Competitive Groups as Cognitive Communities: The Case of Scottish Knitwear Manufacturers, *Journal of Management Studies*, 26, 1989.

[139] Previts G. J. , Bricker R. J. , Robinson T. R. , et al. , A Content Analysis of Sell – side Financial Analyst Company Reports, *Accounting Horizons*, 8 (2),

1994.

[140] Pérez – González F., Yun H., Risk Management and Firm Value: Evidence From Weather Derivatives, *The Journal of Finance*, 68 (5), 2013.

[141] Radhakrishnan S., Wu S., Analysts' Cash Flow Forecasts and Accrual Mispricing, *Contemporary Accounting Research*, 31 (4), 2014.

[142] Ref O., Shapira Z., Entering New Markets: The Effect of Performance Feedback Near Aspiration and Well Below and Above It, *Strategic Management Journal*, 38 (7), 2017.

[143] Rogers J. L., Van Buskirk A., Bundled Forecasts in Empirical Accounting Research, *Journal of Accounting and Economics*, 55 (1), 2013.

[144] Sakhartov A. V., Economies of Scope, Resource Relatedness, and the Dynamics of Corporate Diversification, *Strategic Management Journal*, 38 (11), 2017.

[145] Savor P., Wilson M., Earnings Announcements and Systematic Risk, *The Journal of Finance*, 71 (1), 2016.

[146] Sheng X., Thevenot M., A New Measure of Earnings Forecast Uncertainty, *Journal of Accounting and Economics*, 53 (1 – 2), 2012.

[147] Sloan R. G., Do Stock Prices Fully Reflect Information in Accruals and Cash Flows about Future Earnings?, Social Science Electronic Publishing, 71 (3), 1996.

[148] Sohn B. C., Analyst Forecast, Accounting Conservatism and the Related Valuation Implications, *Accounting and Finance*, 52, 2012.

[149] Soltes E., Private Interaction Between Firm Management and Sell – Side Analysts, *Journal of Accounting Research*, 52 (1), 2014.

[150] Song M., Zhao Y. L., Arend R. J., Im Subin, Strategic Planning as a Complex and Enabling Managerial Tool, *Strategic Management Journal*, 38 (8), 2015.

[151] Tan H. T., Libby R., Hunton J. E., When Do Analysts Adjust for Biases in Management Guidance? Effects of Guidance Track Record and Analysts' Incentives, *Contemporary Accounting Research*, 32 (1), 2015.

［152］Tan H.，Wang S.，Welker M.，Analyst Following and Forecast Accuracy After Mandated IFRS Adoptions，*Journal of Accounting Research*，49（5），2011.

［153］Tang J.，Crossan M.，Rowe W. G.，Dominant CEO，Deviant Strategy，and Extreme Performance：The Moderating Role of a Powerful Board，*Journal of Management Studies*，48（7），2011.

［154］Tang M.，Zarowin P.，Zhang L.，How Do Analysts Interpret Management Range Forecasts?，*Accounting*，*Organizations and Society*，42，2015.

［155］Wiersema M. F.，Bantel K. A.，Top Management Team Demography and Corporate Strategic Change，*Academy of Management Journal*，35（1），1992.

［156］Williams Patricia A.，The Relation Between a Prior Earnings Forecast by Management and Analyst Response to a Current Management Forecast，*The Accounting Review*，71，1996.

［157］Xu N.，Chan K. C.，Jiang X.，et al.，Do Star Analysts Know More Firm - Specific Information? Evidence From China，*Journal of Banking & Finance*，37（1），2013.

［158］Yezegel A.，Why Do Analysts Revise their Stock Recommendations After Earnings Announcements?，*Journal of Accounting and Economics*，59（2-3），2015.

［159］Yin C.，The Optimal Size of Hedge Funds：Conflict between Investors and Fund Managers，*The Journal of Finance*，71（4），2016.

［160］Yu F.，Analyst Coverage and Earnings Management，*Journal of Financial Economics*，88（2），2008.

［161］Zeff S. A.，Book Reviews，*The Accounting Review*，89（2），2014.

［162］Zhou Y. M. Wan X.，Product Variety，Sourcing Complexity，and the Bottleneck of Coordination，*Strategic Managemeut Journal*，38（8），2017.

［163］白晓宇：《上市公司信息披露政策对分析师预测的多重影响研究》，《金融研究》2009 年第 4 期。

［164］白晓宇、钟震、宋常：《分析师盈利预测之于股价的影响研究》，《审计研究》2007 年第 1 期。

［165］步丹璐、狄灵瑜：《治理环境、股权投资与政府补助》，《金融研究》2017 年第 10 期。

［166］蔡庆丰、陈娇：《证券分析师缘何复述市场信息——基于市场反应的实证检验与治理探讨》，《中国工业经济》2011 年第 7 期。

［167］蔡庆丰、杨侃、林剑波：《羊群行为的叠加及其市场影响——基于证券分析师与机构投资者行为的实证研究》，《中国工业经济》2011 年第 12 期。

［168］蔡卫星、曾诚：《公司多元化对证券分析师关注度的影响——基于证券分析师决策行为视角的经验分析》，《南开管理评论》2010 年第 4 期。

［169］曹胜、朱红军：《王婆贩瓜：券商自营业务与分析师乐观性》，《管理世界》2011 年第 7 期。

［170］陈丽蓉、韩彬、杨兴龙：《企业社会责任与高管变更交互影响研究——基于 A 股上市公司的经验证据》，《会计研究》2015 年第 8 期。

［171］储一昀、仓勇涛：《财务分析师预测的价格可信吗？——来自中国证券市场的经验证据》，《管理世界》2008 年第 3 期。

［172］储一昀、仓勇涛、王琳：《财务分析师能认知审计任期的信息内涵吗?》，《会计研究》2011 年第 1 期。

［173］崔玉英、李长青、郑燕等：《公司成长、盈余波动与财务分析师跟踪——来自中国证券市场的经验证据》，《管理评论》2014 年第 4 期。

［174］单喆慜：《分析师短期和长期财测特性研究综述》，《会计研究》2005 年第 11 期。

［175］窦欢、王会娟：《私募股权投资与证券分析师新股关注》，《会计研究》2015 年第 2 期。

［176］方红星、施继坤、张广宝；《产权性质、信息质量与公司债定价——来自中国资本市场的经验证据》，《金融研究》2013 年第 4 期。

［177］方军雄：《我国上市公司信息披露透明度与证券分析师预测》，《金融研究》2007 年第 6 期。

［178］官峰、靳庆鲁、张佩佩：《机构投资者与分析师行为——基于定向增发解禁背景》，《财经研究》2015 年第 6 期。

［179］郭杰、洪洁瑛：《中国证券分析师的盈余预测行为有效性研究》，《经济研究》2009 年第 11 期。

［180］韩静、陈志红、杨晓星：《高管团队背景特征视角下的会计稳健性与投资效率关系研究》，《会计研究》2014 年第 12 期。

［181］韩燕、李平、崔鑫：《哪些基金有超群的分析能力?》，《管理世界》2011 年第 2 期。

［182］何韧、王维诚、王军：《管理者背景与企业绩效：基于中国经验的实证研究》，《财贸研究》2010 年第 1 期。

［183］何威风：《高管团队垂直对特征与企业盈余管理行为研究》，《南开管理评论》2015 年第 1 期。

［184］何威风、刘启亮：《我国上市公司高管背景特征与财务重述行为研究》，《管理世界》2010 年第 7 期。

［185］何霞、苏晓华：《高管团队背景特征、高管激励与企业 R&D 投入——来自 A 股上市高新技术企业的数据分析》，《科技管理研究》2012 年第 6 期。

［186］胡凡、夏翊：《分析师商业性动机与盈余预测偏差：来自融资融券的证据》，《财经研究》2017 年第 7 期。

［187］胡军、王甄：《微博、特质性信息披露与股价同步性》，《金融研究》2015 年第 11 期。

［188］胡军、王甄、陶莹等：《微博、信息披露与分析师盈余预测》，《财经研究》2016 年第 5 期。

［189］胡奕明、林文雄：《信息关注深度、分析能力与分析质量——对我国证券分析师的调查分析》，《金融研究》2005 年第 2 期。

［190］胡奕明、林文雄、王玮璐：《证券分析师的信息来源、关注域与分析工具》，《金融研究》2003 年第 12 期。

［191］胡奕明、饶艳超、陈月根等：《证券分析师的信息解读能力调查》，《会计研究》2003 年第 11 期。

［192］黄荷暑、周泽将：《女性高管、信任环境与企业社会责任信息披露——基于自愿披露社会责任报告 A 股上市公司的经验证据》，《审计与经济研究》2015 年第 4 期。

［193］黄继承、盛明泉：《高管背景特征具有信息含量吗?》，《管理世界》2013 年第 9 期。

［194］简兆权、王晨、陈键宏：《战略导向、动态能力与技术创新：环境不确定性的调节作用》，《研究与发展管理》2015 年第 2 期。

［195］姜波、周铭山：《参股基金公司持股与分析师乐观性》，《财经研究》2015 年第 1 期。

［196］姜付秀、石贝贝、马云飙：《董秘财务经历与盈余信息含量》，《管理世界》2016 年第 9 期。

［197］姜付秀、石贝贝、马云飙：《信息发布者的财务经历与企业融资约束》，《经济研究》2016 年第 6 期。

［198］姜付秀、伊志宏、苏飞：《管理者背景特征与企业过度投资行为》，《管理世界》2009 年第 1 期。

［199］景飞、何大军、林日韦、王云：《高层管理者政治网络与企业多元化战略：社会资本视角——基于我国上市公司面板数据的实证分析》，《管理世界》2008 年第 8 期。

［200］雷海民、梁巧转、李家军：《最终控制权、公司年龄影响中国政治资源企业的运营效率吗？——中国上市公司的非参数检验》，《经济管理》2014 年第 7 期。

［201］黎文靖、池勤伟：《高管职务消费对企业业绩影响机理研究——基于产权性质的视角》，《中国工业经济》2015 年第 4 期。

［202］黎文靖、李茫茫：《“实体 + 金融”：融资约束、政策迎合还是市场竞争？——基于不同产权性质视角的经验研究》，《金融研究》2017 年第 8 期。

［203］黎文靖、李耀淘：《产业政策激励了公司投资吗》，《中国工业经济》2014 年第 5 期。

［204］李春涛、胡宏兵、谭亮：《中国上市银行透明度研究——分析师盈利预测和市场同步性的证据》，《金融研究》2013 年第 6 期。

［205］李春涛、宋敏、张璇：《分析师跟踪与企业盈余管理——来自中国上市公司的证据》，《金融研究》2014 年第 7 期。

［206］李春涛、赵一、徐欣等：《按下葫芦浮起瓢：分析师跟踪与盈余管理途径选择》，《金融研究》2016 年第 4 期。

［207］李丹、袁淳、廖冠民：《卖空机制与分析师乐观性偏差——基于双重差分模型的检验》，《会计研究》2016 年第 9 期。

［208］李丹蒙、王俊秋、张裕恒：《关系网络、产权性质与研发投入》，《科研管理》2017 年第 8 期。

［209］李莉、高洪利、陈靖涵：《中国高科技企业信贷融资的信号博弈分析》，《经济研究》2015 年第 6 期。

［210］李芷芷、黎文靖：《审计具有保险功能吗——基于政府官员变更的自然实验》，《南开管理评论》2017 年第 4 期。

［211］李焰、秦义虎、张肖飞：《企业产权、管理者背景特征与投资效率》，《管理世界》2011 年第 1 期。

［212］李召敏、赵曙明：《关系导向型战略领导、人力资源柔性与组织绩效——基于转型经济下民营企业的实证研究》，《外国经济与管理》2016 年第 4 期。

［213］李召敏、赵曙明：《环境不确定性、任务导向型战略领导行为与组织绩效》，《科学学与科学技术管理》2016 年第 2 期。

［214］李召敏、赵曙明：《转型经济下民营企业的制度支持、任务导向型战略领导行为与组织绩效研究》，《管理学报》2016 年第 3 期。

［215］李志刚、施先旺：《战略差异、管理层特征与银行借款契约——基于风险承担的视角》，《中南财经政法大学学报》2016 年第 2 期。

［216］林小驰、欧阳婧、岳衡：《谁吸引了海外证券分析师的关注》，《金融研究》2007 年第 1 期。

［217］刘会芹、施先旺：《企业战略差异对分析师行为的影响》，《山西财经大学学报》2018 年第 1 期。

［218］刘康兵、申朴、Elmer Sterken：《融资约束、不确定性与公司投资：基于制造业上市公司面板数据的证据》，《南开经济研究》2011 年第 4 期。

［219］刘文军、谢帮生：《分析师预测信息来源的新发现：会计师事务所》，《财经研究》2017 年第 5 期。

［220］刘永泽、高嵩：《信息披露质量、分析师行业专长与预测准确性——来自我国深市 A 股的经验证据》，《会计研究》2014 年第 12 期。

［221］陆正飞、何捷、窦欢：《谁更过度负债：国有还是非国有企业?》，《经济研究》2015 年第 12 期。

［222］逯东、付鹏、杨丹：《媒体类型、媒体关注与上市公司内部控制质量》，《会计研究》2015 年第 4 期。

［223］吕兆德、曾雪寒：《证券分析师性别、盈余预测偏差与纠偏能力》，

《北京工商大学学报（社会科学版）》2016 年第 5 期。

［224］罗进辉：《独立董事的明星效应：基于高管薪酬 – 业绩敏感性的考察》，《南开管理评论》2014 年第 3 期。

［225］罗进辉、黄泽悦、朱军：《独立董事地理距离对公司代理成本的影响》，《中国工业经济》2017 年第 8 期。

［226］缪毅、胡奕明：《产权性质、薪酬差距与晋升激励》，《南开管理评论》2014 年第 4 期。

［227］［美］迈克尔·波特：《竞争战略》，陈小悦译，北京：华夏出版社 1997 年版。

［228］潘越、戴亦一、刘思超：《我国承销商利用分析师报告托市了吗?》，《经济研究》2011 年第 3 期。

［229］全怡、陈冬华、李真：《独立董事身份提高了分析师的预测质量吗?》，《财经研究》2014 年第 11 期。

［230］饶品贵、石孟卿、姜国华、陈冬华：《宏观经济政策与微观企业行为互动关系研究——首届“宏观经济政策与微观企业行为”学术研讨会综述》，《经济研究》2013 年第 2 期。

［231］邵帅、周涛、吕长江：《产权性质与股权激励设计动机——上海家化案例分析》，《会计研究》2014 年第 10 期。

［232］石桂峰、苏力勇、齐伟山：《财务分析师盈余预测精确度决定因素的实证分析》，《财经研究》2007 年第 5 期。

［233］史清琪：《我国妇女创业和女企业家发展面临的机遇和挑战》，《宏观经济研究》2010 年第 10 期。

［234］苏治、魏紫：《企业无形资产资本化与分析师盈余预测：理论分析与实证检验》，《会计研究》2013 年第 7 期。

［235］孙光国、赵健宇：《产权性质差异、管理层过度自信与会计稳健性》，《会计研究》2014 年第 5 期。

［236］孙健、王百强、曹丰等：《公司战略影响盈余管理吗?》，《管理世界》2016 年第 3 期。

［237］谭松涛、甘顺利、阚铄：《媒体报道能够降低分析师预测偏差吗?》，《金融研究》2015 年第 5 期。

［238］田炜：《管理者背景特征与企业过度投资行为》，《现代经济信息》2016 年第 24 期。

［239］万丽梅、逯东：《中国证券分析师角色担当：声誉机制与市场环境的交互效应》，《当代财经》2013 年第 3 期。

［240］王亮亮：《税制改革与利润跨期转移——基于“账税差异”的检验》，《管理世界》2014 年第 11 期。

［241］王明伟、张琳、孙文晶：《投资者关注与分析师预测精度》，《中国经济问题》2017 年第 2 期。

［242］王攀娜、徐博韬：《社会责任信息、分析师关注度与公司股票流动性》，《财经科学》2017 年第 6 期。

［243］王清、周泽将：《女性高管与 R&D 投入：中国的经验证据》，《管理世界》2015 年第 3 期。

［244］王雄元、彭旋：《稳定客户提高了分析师对企业盈余预测的准确性吗?》，《金融研究》2016 年第 5 期。

［245］王艳艳、于李胜、安然：《非财务信息披露是否能够改善资本市场信息环境？——基于社会责任报告披露的研究》，《金融研究》2014 年第 8 期。

［246］王宇熹、洪剑峭、肖峻：《顶级券商的明星分析师荐股评级更有价值么？——基于券商声誉、分析师声誉的实证研究》，《管理工程学报》2012 年第 3 期。

［247］王玉涛、陈晓、侯宇：《国内证券分析师的信息优势：地理邻近性还是会计准则差异》，《会计研究》2010 年第 12 期。

［248］王玉涛、王彦超：《业绩预告信息对分析师预测行为有影响吗》，《金融研究》2012 年第 6 期。

［249］魏志华、曾爱民、李博：《金融生态环境与企业融资约束——基于中国上市公司的实证研究》，《会计研究》2014 年第 5 期。

［250］文芳、胡玉明：《中国上市公司高管个人特征与 R&D 投资》，《管理评论》2009 年第 11 期。

［251］吴偎立、张峥、彭伊立：《分析师特征、市场状态与股价信息含量》，《经济与管理评论》2015 年第 4 期。

［252］吴偎立、张峥、乔坤元：《信息质量、市场评价与激励有效性——基

于〈新财富〉最佳分析师评选的证据》，经济学（季刊）2016 年第 2 期。

[253] 吴锡皓、胡国柳：《不确定性、会计稳健性与分析师盈余预测》，《会计研究》2015 年第 9 期。

[254] 伍燕然、潘可、胡松明等：《行业分析师盈利预测偏差的新解释》，《经济研究》2012 年第 4 期。

[255] 肖土盛、宋顺林、李路：《信息披露质量与股价崩盘风险：分析师预测的中介作用》，《财经研究》2017 年第 2 期。

[256] 谢震、艾春荣：《分析师关注与公司研发投入：基于中国创业板公司的分析》，《财经研究》2014 年第 2 期。

[257] 谢志明、易玄：《产权性质、行政背景独立董事及其履职效应研究》，《会计研究》2014 年第 9 期。

[258] 邢立全、陈汉文：《产品市场竞争、竞争地位与审计收费——基于代理成本与经营风险的双重考量》，《审计研究》2013 年第 3 期。

[259] 徐倩：《不确定性、股权激励与非效率投资》，《会计研究》2014 年第 3 期。

[260] 许年行、江轩宇、伊志宏等：《分析师利益冲突、乐观偏差与股价崩盘风险》，《经济研究》2012 年第 7 期。

[261] 薛祖云、王冲：《信息竞争抑或信息补充：证券分析师的角色扮演——基于我国证券市场的实证分析》，《金融研究》2011 年第 11 期。

[262] 杨大楷、王佳妮、李凡一：《证券分析师利益冲突行为的“前因”与“后果”——来自上证 A 股的经验证据》，《上海经济研究》2011 年第 11 期。

[263] 杨静、王重鸣：《女性创业型领导：多维度结构与多水平影响效应》，《管理世界》2013 年第 9 期。

[264] 叶康涛、董雪雁、崔倚菁：《企业战略定位与会计盈余管理行为选择》，《会计研究》2015 年第 10 期。

[265] 伊志宏、李颖、江轩宇：《女性分析师关注与股价同步性》，《金融研究》2015 年第 11 期。

[266] 游家兴、周瑜婷、肖珉：《凯恩斯选美竞赛与分析师预测偏差行为——基于高阶预期的研究视角》，《金融研究》2017 年第 7 期。

[267] 袁振超、张路、岳衡：《分析师现金流预测能够提高盈余预测准确性

吗——来自我国A股市场的经验证据》,《金融研究》2014年第5期。

[268] 原红旗、黄倩茹:《承销商分析师与非承销商分析师预测评级比较研究》,《中国会计评论》2007年第3期。

[269] 岳衡、林小驰:《证券分析师VS统计模型:证券分析师盈余预测的相对准确性及其决定因素》,《会计研究》2008年第8期。

[270] 翟胜宝、张雯、曹源等:《分析师跟踪与审计意见购买》,《会计研究》2016年第6期。

[271] 詹凌燕:《对中国证券分析师独立性问题的实证研究——来自中国证券市场的经验证据》,上海财经大学硕士学位论文,2006年。

[272] 张纯、吕伟:《信息披露、市场关注与融资约束》,《会计研究》2007年第11期。

[273] 张国清、肖华:《高管特征与公司环境信息披露——基于制度理论的经验研究》,《厦门大学学报(哲学社会科学版)》2016年第4期。

[274] 张龙、刘洪:《高管团队中垂直对人口特征差异对高管离职的影响》,《管理世界》2009年第4期。

[275] 张然、汪荣飞、王胜华:《分析师修正信息、基本面分析与未来股票收益》,《金融研究》2017年第7期。

[276] 张兆国、刘亚伟、杨清香:《管理者任期、晋升激励与研发投资研究》,《会计研究》2014年第9期。

[277] 张宗新、杨万成:《声誉模式抑或信息模式:中国证券分析师如何影响市场?》,《经济研究》2016年第9期。

[278] 赵良玉、李增泉、刘军霞:《管理层偏好、投资评级乐观性与私有信息获取》,《管理世界》2013年第4期。

[279] 郑建明、黄晓蓓、张新民:《管理层业绩预告违规与分析师监管》,《会计研究》2015年第3期。

[280] 周冬华、康华、赵玉洁:《内部人交易与持续经营审计意见——来自财务困境类上市公司的经验证据》,《审计研究》2015年第2期。

[281] 周冬华、赵玉洁:《分析师跟进能够降低审计费用吗——来自中国证券市场的经验证据》,《证券市场导报》2015年第1期。

[282] 周开国、应千伟、陈晓娴:《媒体关注度、分析师关注度与盈余预测

准确度》，《金融研究》2014 年第 2 期。

［283］周泽将、修宗峰：《女性高管、宏观经济环境与现金持有》，《经济经纬》2015 年第 4 期。

［284］朱红军、何贤杰、陶林：《信息源、信息搜寻与市场吸收效率——基于证券分析师盈利预测修正的经验证据》，《财经研究》2008 年第 5 期。

［285］祝继高、齐肖、汤谷良：《产权性质、政府干预与企业财务困境应对——基于中国远洋、尚德电力和李宁公司的多案例研究》，《会计研究》2015 年第 5 期。